祖孙乐

李钟秀 著
李滨声 绘图

中国妇女出版社

图书在版编目（CIP）数据

祖孙乐 / 李钟秀著 ；李滨声绘图． -- 北京 ：中国妇女出版社，2020.8

ISBN 978-7-5127-1872-2

Ⅰ．①祖… Ⅱ．①李… ②李… Ⅲ．①儿童教育－家庭教育－通俗读物 Ⅳ．① G782-49

中国版本图书馆 CIP 数据核字（2020）第 102720 号

祖孙乐

作　　者：李钟秀　著　李滨声　绘图
责任编辑：应　莹　张　于
封面设计：李　甦
责任印制：王卫东
出版发行：中国妇女出版社
地　　址：北京市东城区史家胡同甲 24 号　　邮政编码：100010
电　　话：（010）65133160（发行部）　　65133161（邮购）
网　　址：www.womenbooks.cn
法律顾问：北京市道可特律师事务所
经　　销：各地新华书店
印　　刷：北京通州皇家印刷厂
开　　本：150 × 215　1/16
印　　张：14.75
字　　数：112 千字
版　　次：2020 年 8 月第 1 版
印　　次：2020 年 8 月第 1 次
书　　号：ISBN 978-7-5127-1872-2
定　　价：49.80 元

“人之初，性本善”

——鸟妈妈叼来一条虫子，给它的孩子吃。人性中的美，在呵护幼小的生命中，发挥得淋漓尽致。

自序

《祖孙乐》一书由“祖孙乐篇”与“母子乐篇”组成，只是“祖孙乐篇”的篇幅多于“母子乐篇”。“祖孙乐篇”与“母子乐篇”两相对照，不难发现：“祖孙乐篇”中的奶奶，带孩子细腻，丝丝缕缕；“母子乐篇”中的母亲，带孩子粗放，大大咧咧。

其实，这位奶奶与那位母亲是同一个人。

难道她不喜欢儿子而偏向孙子？否。性别角色使然。

女人一生中，经历了不同的性别角色。结婚前，那是只有光明未来的女儿。及至结婚、生子，女人的性别角色由女儿发展为妻子、母亲。父母健在，女儿的角色并未摆脱。这时的女人，特别是职业女性，在性别角色中苦苦

“挣扎”：作为女儿，要照看父母，他们都已老了；作为母亲，对嗷嗷待哺的孩子，要施以母爱；作为妻子，对心爱的丈夫，要尽到妻子的职责；作为职业女性，要全力把工作做好。一天24个小时，这是个常数，对任何人都如此。身兼女儿、妻子、母亲三个角色的职业女性，被生活“撕扯”着。

及至老了，在前三个角色中，又增加一个奶奶或姥姥的角色。四个角色，造就了一个“完整”的女人。

人生的旅途中，各有景致。有喜有忧，有惊有惧。唯独“奶奶”或“姥姥”这个角色，没有了困苦，没有了彷徨、犹豫、纠结，有的只是欢乐。这是人生中最“奢侈”的阶段。这个阶段，家庭稳定，不愁吃穿，是颐养天年的好时光，也有充分的时间照看孙子（女）。

我在照看两个孙子的过程中，看着他们茁壮成长。他们比他们的父母都聪明、幸福。他们不仅吃得好，穿得好，有成堆的玩偶和“武器库”，同时，他们要用“爱派”（苹果平板电脑）玩游戏、看故事。他们讨厌雾霾，他们要“管理”地球。这不正是我们追求、企盼的吗？在照料孙子的过程中，我发现自己简直是个“白丁”，也要学习、不断与时俱进，否则带不动孙子。

生命的价值在于一代一代地接替，一代比一代更聪明，也正因此构成了人类历史无穷无尽的绵绵长河。自己在做母亲的时候，太忙太累，只顾做好本职工作，无暇照顾两个儿子。反倒是做了奶奶以后，才正儿八经地品出了这份其乐无穷的哲理。

感谢生命给了我一个做奶奶的机会，经历人生最美的阶段，使我能细细地品尝施爱的丝丝缕缕。人性的美，在呵护一个幼小的生命中发挥得淋漓尽致。写了“祖孙乐篇”后我又写了几段“奶奶感悟”。

在编写《祖孙乐》的过程中，想到我那两个儿子成长过程中的故事。这段经历，也正是一个职业女性性别角色被“撕扯”的阶段。所幸，当时也曾留下点滴的记载。于是，决定将“母子乐篇”与“祖孙乐篇”合编在一起。“祖孙乐篇”与“母子乐篇”同样有“乐”，但“乐”有不同的历史特色，有女性性别角色的不同。

生命如一颗蓓蕾，它所有的芬芳，都储藏在苞核里。经历了一番“撕扯”，这个女人成长了，成熟了。一手牵着事业，一手牵着家庭。她获全胜。通过爱，她把自己交给了事业；通过爱，她把自己交给了家庭。她自己感受到全部的甘美。

《祖孙乐》即将付梓。感谢李滨声老先生，他以94岁高龄，接受为本书绘制插图的邀请。他童心未泯，可喜可贺。

感谢尚亚萍，同意将多年前为我和孙子画的插图用于本书。

感谢我周边的爷爷、奶奶、姥姥、姥爷们，他们对孙男娣女的爱，使我把一切粗糙与不谐，都融为甜美的和谐，促成这本书的问世。

人们说："没有以前，便没有现在。"留下吧，把那无价的珍宝，留给后人。

是为序。

李钟秀

2018年10月

仲秋收获季节

目录

祖孙乐篇

认知

成长

奶奶难

奶奶感悟

母子乐篇

祖孙乐 篇

认知

千万别指责孩子提出的各种莫名其妙的问题，那是他们认识世界的开始。

天鹅与茶壶

“奶奶，会画宝剑吗？”

“会！”

“你画画。”

奶奶在图纸上画了一把“宝剑”。鱼丸没表态。

“那你会画茶壶吗？”鱼丸问。

鱼丸画 《茶壶》（3岁半）

“会！”

奶奶简直是“无所不能”的。

“你能扶着我的手画吗？”鱼丸请求说。

“可以。”

于是，奶奶扶着鱼丸的手，画了茶壶的轮廓。鱼丸看后，立刻用黑色画笔在茶壶的轮廓里上下涂着，最后涂成“一团黑”。他对奶奶说：“别碰，里面是开水。”

鱼丸奶奶看着“茶壶”，觉得很面熟，似乎在什么地方见过。想了想，哦，对了，那是大孙子桾桾画的“天鹅”。奶奶取出当年桾桾画的“天鹅”一对比，“真像！”虽然，他俩相差10多岁。

那是桾桾3岁半时画的。那天，桾桾从幼儿园回家，带回这张黑乎乎的《天鹅》作业。当时，全家人惊问：“这是什么呀？”

答曰：“天鹅！”

“天鹅？”全家人更为惊讶，这么一个球不像球、蛋不像蛋的“黑家伙”怎么会是天鹅?！

桾桾得意地唱了起来：“大天鹅呀飞又飞，摇摇摆摆回到家。敲大门，敲大门。明天再去幼儿园，变成大天鹅。”估计是老师讲了“丑小鸭”的故事，到棍棍这里，成了“天鹅”。

家人请棍棍说明怎么看他的画作《天鹅》。因为他的天鹅也可横看，也可竖看。棍棍强调说：“头向上，它正在飞（竖看），不能平放。平放，它会掉下来。”

棍棍画 《天鹅》（3岁半）

细菌做游戏

每天楷楷从外边进家门，不是爷爷、奶奶，便是爸爸、妈妈，准有一两个人高喊：

“楷楷，洗手，换鞋！”

这种“叫喊”，在楷楷叔叔小的时候，是奶奶和爷爷喊，现在是四个大人对付一个孩子。为了强调洗手的重要性，还会补充一句：“你不洗手，细菌进你肚子里，你会得病。”

其实，楷楷完全没明白大人的用意。一天，他听了大人的高喊后，画了这幅《细菌做游戏》，展示给全家人看。他理解的细菌在肚子里是如此状态。

楉楉画　《细菌做游戏》（于5岁生日）

精灵世界

千万别忽视孩子的所思所想，那是他心里真正的世界。

桾桾刚过5周岁时，一天，他对奶奶说：“我在小一

桾桾画 《精灵世界》（5岁）

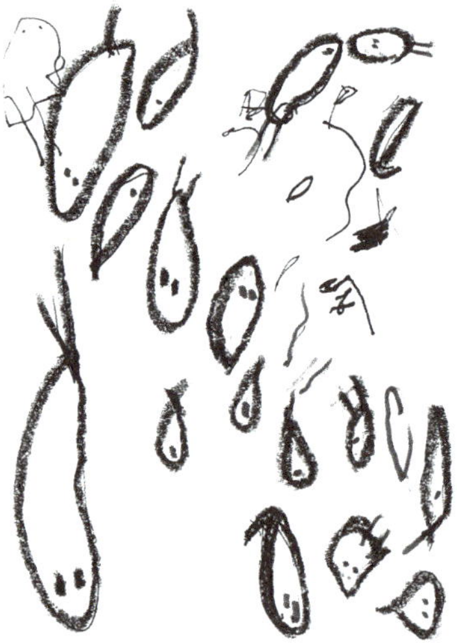

鱼丸画 《三角侠、蛋壳侠打“怪物”》（3岁半）

班的时候，他们说大甲可以进化成肯泰罗。我上中班一查卡，发现大甲无进化。”

这段话把奶奶说得发晕。他在中班“查”什么，怎样“查”？他说的“大甲”“肯泰罗”又是什么？那是一个什么样的“怪物”世界？不懂就向孙子“下问”呗。生活在电子游戏时代的小家伙，滔滔不绝地说：“奶奶，大甲就是那怪模怪样带壳的、像虫子一样的家伙；肯泰罗就是那个大怪牛……”虽然还是听不太懂，但是大体明白了，大甲、肯泰罗都是他当时玩的“小精灵”。他说的“卡”是精灵进化表，记载某种“精灵”进化的阶段。幼儿园的孩子，已经开始研究“进化论”了。

小孙子鱼丸的心理世界有什么？怪物。他常做出夸张的表情说：“奶奶，怪物来了！”他说的“怪物”包括八爪怪、风怪、雾霾怪等。除了怪物，还有大侠，如蛋壳侠、三角侠。

奇怪，桾桾和鱼丸的幼小心灵里，都有“怪物”存在。他俩相差10多岁，又没在同一环境中长大。唯有奶奶一直陪伴着他们，可奶奶又不曾也不会讲出那许多的“怪物”。有谁能告诉奶奶，这是为什么？

刮风了

窗外北风呼呼吹，从窗口看楼下的高树，树枝如波浪般起伏。奶奶抱着鱼丸站在窗台前，告诉他："现在是冬天，风特别大，树枝都被冻得弯下腰、抬不起头。"

鱼丸回到桌前，画了这幅画，并做夸张的表情说："奶奶，刮风了！"

鱼丸画 《刮风》（3岁半）

自行车在水里

天气转暖，奶奶带着鱼丸到附近的菜市场买菜。过马路，要躲汽车、电动车，偶尔也要躲共享单车。

“共享单车是什么？”鱼丸问。

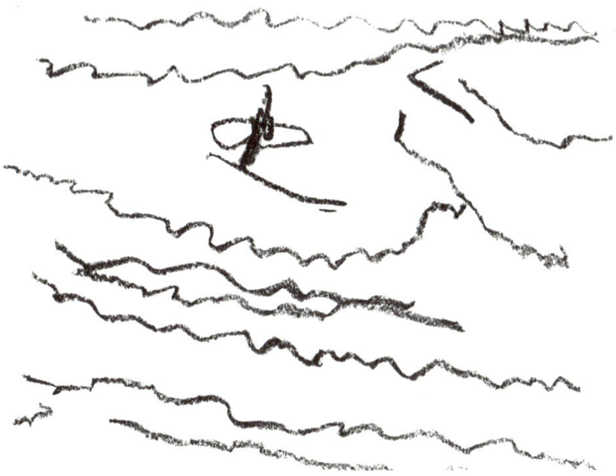

鱼丸画 《自行车在水里》（3岁半）

“就是公共自行车。长大后，你会骑自行车上学。”奶奶说。

“自行车能在水里骑吗？”

鱼丸经常会突然提出这类莫名其妙的问题。

“雨下大了，街上都是水，自行车也只好在水里骑。”

吃黄瓜

夏天，鱼丸除了吃西瓜，也生吃黄瓜。奶奶告诉他，黄瓜是绿色的，“头”上还有朵黄花。吃了黄瓜，身体会长得好。

鱼丸边吃黄瓜边画画，口中念念有词地说：“黄瓜有芯儿、有尖儿，还有根儿。”画中有两个圆点。他说：“那是奶奶和阿姨。”

鱼丸画 《吃黄瓜》（3岁半）

恐龙和太阳

太阳早上起呀，
找呀找呀找呀，
四处找恐龙呀，
恐龙出来了。

楉楉画 《恐龙和太阳》（5岁）

“我的好朋友”童谣七则

鱼丸把他的玩偶当作有生命的朋友。他每每抱着玩偶，顺口说一说。奶奶替他整理一番。于是祖孙二人顺口唱出即兴编的顺口溜。

土拨鼠

土拨鼠，土拨鼠，
我的好朋友。
白天陪我玩，
夜晚陪我睡。
土拨鼠，土拨鼠。
我的好朋友。

Rabbit兔

Rabbit兔，Rabbit兔，

我的好朋友。

两只大耳朵，

搂住我的脖。

Rabbit兔，Rabbit兔，

我的好朋友。

小熊

小熊，小熊，

两眼闪光明。

听我唱歌，

看我跳舞。

小熊，小熊，

我的好朋友。

牛大哥

牛大哥，牛大哥，

一双红皮鞋，

一身大黄袍。

牛大哥爱我，

我爱牛大哥。

小狗dog

小狗dog，汪汪！

小狗dog，汪汪！

你早！

你好！

小狗dog，汪汪！

小猪pig

小猪pig，

小猪pig，

开商店，

扫二维码。

小猪pig，真聪明。

火火兔

火火兔，火火兔，

懂礼貌，爱劳动。

打针不哭，

吃饭不掉（饭粒）。

火火兔，火火兔，

爱听你讲故事。

太阳与小鸟

太阳太阳早上起，
找呀找呀找小鸟，
哎呀呀，小鸟不见了，
小鸟喳喳飞走了。

梯梯画　《太阳与小鸟》（5岁）

童心暖语

“姥姥，还有我哪！”

元元，女，2岁2个月。

一天，元元奶奶的妈妈来看元元。太奶奶回家后，元元问姥姥：“姥姥的妈妈为什么没来？”

“姥姥的妈妈没了。”姥姥说。

“什么叫没了？”元元问。

“就是走了。”

“还没来，怎么叫走了？”元元追问。

“死了。”姥姥被迫无奈地说。

元元懂得“死”就是“没了”，立刻说：“姥姥，你没有了妈妈，还有我哪！”

姥姥被感动得落了泪。

“干吗说我姥姥不好？”

鱼丸，男，3岁3个月。

鱼丸因为滑板车，与明明争执不休。明明，男，比鱼丸大一个月。两个男孩各抓住滑板的一端。鱼丸抓的是左车把，明明抓的是右车把。鱼丸大喊大叫：“我要玩！”明明不言不语，只是站在那里不动，两只手紧紧攥住车把。

强强姥姥喜爱小区内各家的孩子。遇到小朋友发生争执，她总是第一时间拿出奶片或饼干，去调解“纠纷”。强强姥姥看见鱼丸与明明不依不饶地吵闹，立刻从手提袋里取出几粒奶片。她举着奶片，冲着鱼丸喊：“鱼丸！我这儿有奶片。”

这一招真灵。鱼丸看见强强姥姥手中的奶片，立马松手，朝强强姥姥跑来，接过一粒奶片，撕开纸，吃了。

强强姥姥问鱼丸：“鱼丸，姥姥好不好？”

“不好！”鱼丸不假思索地说。

没等强强姥姥“谴责”鱼丸，一旁的强强走过来，质问鱼丸：

“鱼丸，你干吗说我姥姥不好？”

强强，男，比鱼丸小3天。

强强姥姥搂着强强开心地说：

“宝贝儿，姥姥真没白疼你！”

“奶奶，我保护你！”

一天黄昏，鱼丸忽然对奶奶说：“奶奶，天黑的时候，你就在我妈妈屋里，关着灯，千万别出来！”

“为什么？”奶奶不解地问。

“天黑了，怪物都出来了。”鱼丸一脸夸张，接着说，“你躲在妈妈屋里，我在门口拿着枪保护你。这样，怪物就不吃你了。”

“奶奶，你喜欢吗？”

鱼丸在搭积木。鱼丸奶奶从旁经过。鱼丸对奶奶说：“奶奶，我给你搭个房子吧。”

奶奶开始感动，随口说：“谢谢，鱼丸你真好！”

鱼丸不在意奶奶的感谢，继续说：“奶奶，你要什么样的房子？”

奶奶不假思索地说：“有个小花园的小平房。”

奶奶，
我保护你

“奶奶，你为什么不要高楼，高楼多好呀！”

在鱼丸的视野里，到处都是高楼，每次他搭的积木房子，也都是高楼。

“我不喜欢高楼，高楼没法儿种花，我喜欢有花的房子。”奶奶认真地说。

“好嘞，奶奶，你放心吧。”鱼丸虽只有3岁，但一开腔，就有“京油子”或“胡同串子”味儿。

鱼丸开始搭积木。他把大块的原木色积木、小型的彩色积木和“乐高”混在一起搭。不大一会儿，一幢二层“小楼房”搭好。他喊奶奶：“奶奶，你来看，你喜欢吗？”他指着有红绿“花朵”的一幢“小楼房”。

“我喜欢，谢谢鱼丸。”

鱼丸接着指另一幢“楼房”：“爸爸妈妈住在这儿。”他又指着一幢“楼房”说：“阿姨住这儿！”

阿姨也过来看“房”，都夸鱼丸搭的“楼房”太漂亮了。鱼丸站起来欣赏他的“杰作”时，突然说：“可是，奶奶，我没有房子呀！”

他在搭积木时，只想给奶奶、爸妈、阿姨搭“房子”，给奶奶的“住房”还多加了“花朵”，独独没想给

奶奶，
你喜欢吗？

自己搭一幢“楼房”。

奶奶说：“平时，你同爸妈住在一起；妈妈出差时，你就同奶奶住在一起。”

鱼丸高兴地说：“奶奶，给你的‘楼房’再放两朵‘花’，给爸妈还有阿姨的‘房子’也再放两朵‘花’吧。咱们都住在有花的‘房子’里。”

救奶奶

照惯例，鱼丸每天吃过晚饭，都在小桌上画画。这次，他大刀阔斧地在图画纸上又涂又画。画完，他便推给奶奶看，并问：“好吗?”

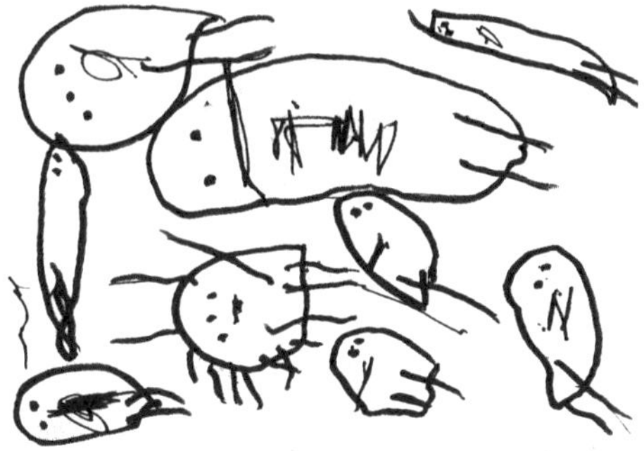

鱼丸画 《穿上衣服的小八爪怪来救奶奶》（3岁半）

奶奶根本没看懂，先问画的是什么。

“都是穿上衣服的八爪怪，他们来救奶奶。好吗？”

他很关注别人对自己“杰作”的评价。

“好，非常好！”

奶奶真心地夸奖，夸奖的重点是“救奶奶”的那片丹心。

鱼丸画的字

吃过晚饭，一切收拾完毕，只等爹妈回来。鱼丸在他的小桌上随意画着。

鱼丸画 《给奶奶买新衣服》（3岁半）

奶奶坐在一旁，有一搭没一搭地跟他“聊”。鱼丸举过一幅画说：“奶奶，这是送给你的。”奶奶看见这张似符似画的“作品”，不禁问道：“这是什么？”

“这是我画的字。”

“什么意思？”

“过年给奶奶买好东西。”

奶奶在画上画了两个笑脸，鱼丸又在笑脸上各添了两条腿。

“这是我画的字。过年的时候给奶奶买新衣服，买好东西吃。”鱼丸边画边说。

“奶奶，你真聪明！”

每天吃过晚饭，大抵是7点到8点，便是棍棍和奶奶的共同时间。8点后，他便被他的爸妈“收回”，刷牙、洗澡，准备睡觉。

棍棍奶奶不能是老祖母。老祖母的口吻是：“棍棍，背《三字经》、背唐诗！”“你不念书，长大怎么办？”他不懂，但他明白这个意思，是“教训他”。

没门儿。棍棍不接受这一套，也不理解奶奶这一套。

桾桾奶奶也不是老保姆。老保姆的口吻是："乖乖，喝水！""乖乖，拉屎！"

没门儿。桾桾会说："不喝！""不拉！"

桾桾奶奶该是谁？

她是桾桾的玩伴，如他在幼儿园的伙伴一样。

奶奶和桾桾不学习，不喝，不拉。这一个钟头干啥？

玩！

玩什么？

每天临时策划主题，然后各人认领角色。大灰狼、小白兔、皮格利特（猪）、比尔（熊）……自己随便找一个角色。祖孙二人就是一个"动物园"。如果没有特定的角色，奶奶便是"山奶奶"，桾桾是"小精灵"，这是"法定"的角色。

大灰狼吃小白兔的故事，桾桾早已腻烦了。一天，奶奶编了个狐狸偷吃玉米被农夫发现后打死的故事。狐狸尾巴被农夫做成了冬天戴的围脖，毛皮被做成了皮衣，肉被炖着吃了。桾桾扮演狐狸，奶奶扮演农夫。第一天，"农夫"抓到了"狐狸"，奶奶一只手抓住桾桾的手和脚，一只手模仿用刀"切"他。桾桾玩得很过瘾。第二天，他仍要求做这个游戏。当奶奶刚刚抓住他时，他突然坐起来说："奶奶，狐狸是二级野生保护动物，不能抓，也不能杀！"

完了，这类游戏都不能玩啦！

于是，奶奶现编了一个故事：狐狸和狼抢一块肉，狼把狐狸咬伤，农夫把狼吓跑，医好狐狸后，将狐狸放回山里。奶奶是"狼"，桾桾是"狐狸"，依然有撕扯，依然有爱抚，还保护了野生动物。

桾桾夸奶奶说："奶奶，你真聪明！"说完，抱住奶奶的头，在奶奶面颊左右各亲了一口。奶奶只觉得两颊湿乎乎的，那是桾桾的口水！

尚亚萍画

成长

鱼丸一天天在长大，哪怕是一个星期、一个月，奶奶都会发现他的孙子真的在长大。

孩子长大了（二则）

3比1多

小区各家小朋友出家门时，家里人都不停地嘱咐：“要跟小朋友共享！”“玩具要跟小朋友交换着玩！”总而言之，都希望自家的孩子“不独”，学会融入集体。

小朋友们也很乖，他们常举着小手，将小馒头、饼干、葡萄干等，送给其他小朋友，甚或送到嘴边，硬塞进对方的嘴里。

一天，鱼丸拿着小饼干筒，从中取出一块饼干给妞妞。妞妞是女孩，比鱼丸小4个月。往日，妞妞会不客气地接过来，吃了。这天，妞妞看着鱼丸的饼干筒，突然说：“我要3块！”

鱼丸听到妞妞要3块饼干，二话没说，扭头就跑。妞妞

看见鱼丸跑了，立刻追了过来，边追边喊：“我要3块！我要3块！”鱼丸边跑边回头瞧，在逃跑过程中，把给妞妞的那块饼干装进饼干筒，然后突然站住，双手背后，小饼干筒也藏在背后，大声对妞妞说：“没有了！没有了！”

妞妞不依，赶到鱼丸面前说：“你藏起来了。我要3块！”妞妞姨奶奶把妞妞搂过去说：“你拿3个小馒头换他3块饼干！”

妞妞笑了，妞妞姨奶奶笑了，鱼丸奶奶也笑了：“都明白3比1多！”

“你比我大！”

这天，在去小花园的路上，鱼丸坐在童车里；平平没坐车。走着走着，平平突然嚷嚷要坐车，平平姥姥说：“我们马上就到了。”平平喊：“我累了！”

鱼丸奶奶对鱼丸说：“鱼丸，你下车走走，让平平坐会儿车吧。”鱼丸摇头：“不，不！”奶奶再次说：“平平比你小，是妹妹。你是哥哥，应该让着妹妹。”鱼丸狡辩：“她会把车坐坏的。”在一旁的平平听见了，大声喊：“你比我大，怎么没把车坐坏？”谁也没想到，平平

能这么快地反应过来。当时，鱼丸刚3岁零1个月；平平还没到3岁，刚刚2岁半。

平平姥姥开怀大笑，笑这两个孩子聪明。

鱼丸还是让平平坐他的童车了，并说："到小花园就下来。"走了不到5米，鱼丸反悔，提出："走累了。"平平坐在车里说："现在还没到小花园！"

鱼丸自知理亏，耍赖说："那我走累了。"平平坚持没到小花园不下车。

正在胶着中，强强过来，对鱼丸说："鱼丸，我有手枪！"听见强强有手枪，鱼丸不再争着坐车，转身看强强的手枪。出这主意的是强强姥姥。平时，只要发现孩子有争吵，她总有"高招"，转移"斗争"大方向。

今天会画冰棍了

严格来说，鱼丸并没怎么吃过冰棍。3岁半时，估计顶多吃过三五根。冰棍是他向往的冷饮。他画这幅画时，高兴地说：“奶奶，我今天会画冰棍了！”

鱼丸画　《我今天会画冰棍了》（3岁半）

“三大战役”

鱼丸住的小区有两个花园，大花园里有老年人的健身器材，小花园中有儿童滑梯及跷跷板。有这么好的设施的花园一进入6月，便成了蚊子乐园，一直到9月，蚊子始终霸占着这里。这3个月，婴幼儿只好到一号楼和二号楼间的窄小空地玩耍。一号楼和二号楼之间，连同小路，不足20米。冬天是风口，夏天是本小区婴幼儿的“避暑胜地”。

在小区玩耍的婴幼儿，都是还不能上幼儿园的孩子。

夏日，每天清晨7点多，便有孩子被推到这块“避暑胜地”，陆陆续续地，到9点半，本小区约莫七八个孩子集中到这里。过了9点半，来得早的孩子要回家睡觉去了。

每个孩子都有自己的童车，同时，每个孩子都会带来一两样玩具，大至滑板车，小至小木鸭、小飞机推车。至于玩偶，各式各样。

孩子从准备出门，奶奶、姥姥、妈妈、阿姨就不断嘱咐各家的孩子："要和小朋友共享！""要互相交换着玩！"孩子们也都习惯"交换"和"共享"。

经常地，孩子们在一起玩耍。但每天又不可避免地发生"战争"。

这天，"战云"突起，不到2个小时，竟然发生了3次大"战役"。

鱼丸这天不坐童车，要自己骑那辆三轮驴车，手上又拿了一把小手枪。本以为这天来得早，岂料，1岁多的大宝、果果和刚过2岁生日的妞妞早来了。

鱼丸骑着驴车，歪歪扭扭地过来了。他看见小路边停靠的3辆童车上有躺着的玩偶，也有小木枪，等等。鱼丸下了驴车径直朝大宝的童车走去。果果看见驴车，蹒跚走过来，正要跨上车，比果果小两个月的大宝也跌跌撞撞地跑来。大宝不容分说，拽住驴车，强行要骑。大宝虽比果果小，但身体壮实。果果没想到"半路杀出了个程咬金"，紧紧抓住驴车不放。大宝抢得有力，眼见果果要顶不住，便"哇"的一声大哭起来。

本来站在一旁“观战”的果果姥姥、大宝阿姨还在等着看他俩怎样解决这场争夺。听到果果的哭声，两人赶忙走过去。

“果果，你是姐姐，让大宝先骑一会儿。”果果姥姥一边给果果擦汗，一边轻轻掰开果果的小手。

“大宝，让小姐姐先骑，你后骑！”大宝阿姨本着先来后到、小让大的游戏规则，劝说大宝。

大宝在家里是弟弟，姐姐什么都让着他。果果是独生女，是“一家之主”，没听过“让”字。两个孩子顽强地争抢着。驴车上有个小铜铃，小铜铃在左右摇摆中，发出与现场气氛极不协调的欢快、清脆的声音。

所有孩子都被这场“战争”所吸引。各家家长俯下身对自家孩子说：“小朋友玩什么都要共享、互让。”各家都知道，带孩子到这里，一是为了孩子玩，同时，也是锻炼他们学会“互让”“共享”。原来，这里已是准幼儿园。

劝说解决不了争执。果果姥姥忽然说：“果果，咱回家把你的马车拿来，大家交换骑。”

果果接受姥姥的建议，从驴车上下来，随姥姥回家取马车。

第一场“战役”结束。

很快，果果回来了。姥姥手里提着那辆马车。马车被放下，果果还没忘骑驴车的事，直奔驴车。坐在驴车上的大宝，扭头发现了果果的马车，立马从驴车上下来，直奔马车。果果顺理成章地骑上驴车走了。这时，鱼丸也发现来了一辆马车，他也朝马车跑过来。鱼丸和大宝又为马车争执起来。

鱼丸无论年龄、身高，都超过大宝，在这一带属“哥哥辈”。因此，无论发生什么争执，鱼丸奶奶必定叫鱼丸“后退”。这次也不例外。鱼丸奶奶赶在鱼丸前，对鱼丸说：“这马车小，是为弟弟妹妹们练习走路用的。你都会跑了，让大宝弟弟玩吧。”

“不让！让他骑咱们的驴车。”鱼丸振振有词。

“果果正在骑驴车。”奶奶开始解释。

“让果果下来！”鱼丸不依不饶。

大宝不出声，紧抓马车不放。

正在此时，强强在姥姥、姥爷的簇拥下走过来。强强手上推着一架直升机小木车。大宝看见强强的直升机小木车后，放下马车，朝强强走过来。鱼丸趁势骑上马车跑了。

大宝看了看强强的直升机小木车，不以为然，他家有蝴蝶小木车。当他回过头找马车的时候，马车已被鱼丸骑走了。眼见追不上鱼丸，“哇”的一声，大宝咧开大嘴哭了。

妞妞姥姥见此情景，赶忙从自家童车上取出一辆小汽车和一个大气球。妞妞姥姥朝大宝喊：“大宝，快看这儿有小汽车、大气球！”大宝对大气球有兴趣，跑过来，拿了大气球。

第二场“战役”就此结束。

半个小时后，果果、大宝、妞妞陆续回家。这块空地只剩下鱼丸。不料，欣欣踩着滑板车过来。欣欣是女孩，比鱼丸小4个月。往常，她见鱼丸想玩滑板车，会毫不犹豫地把滑板车推给鱼丸，自己登上滑梯。

今天很奇怪，鱼丸过去要玩滑板车，欣欣竟大声拒绝说：“不给！”鱼丸紧跟两步，两手攥住车把，大声喊：“抢！抢！”

鱼丸也有滑板车，而且滑得很“溜”。只要他踏上滑板车，左脚一蹬，再蹬，10米长的花园小径，就能滑到

头。一次，他竟然滑出小花园，滑进小区通道。这下吓坏了奶奶。奶奶追不上，急得对通道上的年轻人大喊："截住！帮忙截住！"鱼丸总算被截住。自此，奶奶向鱼丸爸妈讲明利害后，宣布："不能给鱼丸带滑板车！"因噎废食就因噎废食，孙子安全第一。"世上没有后悔药！"

从此，鱼丸的滑板车只限在正式的公园里玩。难怪鱼丸奶奶这么决断。小区通道窄小，仅容得一辆汽车行驶。每天，快递小哥的电动三轮及小汽车从不间断。因此，小通道被奶奶、姥姥们视为"危途"，绝不敢放任孩子独自"上路"。

鱼丸自从被"限行"后，便对滑板车产生了更强烈的欲望。在小区，只要看见谁骑滑板车过来，他都羡慕地要求"玩一会儿"。小朋友们也如从前的欣欣一样，大大方方地把滑板车推给鱼丸。

今天，鱼丸受阻，反应更强烈了。他喊出"抢"，又把奶奶吓一跳："从哪儿学得这么野蛮！"来不及思索，奶奶忙说："不准抢！鱼丸，你是哥哥，滑板车是妹妹的。你要玩，可以跟妹妹商量。"

“她不让玩，我就抢！”鱼丸继续他的无理要求。

欣欣听鱼丸连说“抢”，吓得“哇哇”哭喊起来，但两只手仍紧紧攥着车把。

“鱼丸，咱们回家取你的滑板车，你跟欣欣比赛。”奶奶一边拉开鱼丸，一边继续劝慰。

“我就要玩欣欣的！”鱼丸不依不饶，并挣扎着大哭起来。

听鱼丸这么说，又看见鱼丸哭了，欣欣哭得更厉害了。

鱼丸奶奶说：“鱼丸，咱们回家取你的平衡车，跟欣欣换着骑，好吗？”

鱼丸破涕为笑，拉着奶奶，说：“快，快，奶奶快走。回来晚了，欣欣就回家了。”

第三场“战役”结束。

一号车手

一号车手是鱼丸。在他从2岁半到3岁的人生旅途中，他有两次获“一号车手”称号。

2017年4月21日，星期六，鱼丸爸妈带他参加了一个“平衡车派对”。

平衡车是一种功能车，顾名思义，是训练骑车人的平衡能力。这种车外观酷似自行车，但没有链条和脚蹬，也没有手闸。它的动力全靠骑车人的双腿和双脚。驱动时，双脚朝后蹬，由于反作用力，车便朝前滑行。车速由骑车人双腿和双脚的力量而定。停车时，只消双脚落在地面，不再滑行，车也自动停下来。平衡车也可玩出花样，玩出心跳。但，那是大孩子或青年人的事。鱼丸骑的平衡车，是专为2岁至5岁幼儿特供的，为骑自行车做准备。如果熟练骑会平衡车，就不必经过骑后轮有俩轮的小自行车阶段。

鱼丸参加的这次“平衡车派对”，既不是培训班活动，也不是比赛，不排名次，仅仅是平衡车手之间的一次嬉戏，参加者都是2岁至5岁的幼儿，有12名。鱼丸年龄最小，主办方给了他一个“一号”车牌，以兹鼓励。鱼丸也就成为“一号车手”。

鱼丸第一次参加“平衡车派对”，还有些胆怯，能听从现场教练的指挥，在同一起跑线起跑。骑平衡车，多少也有些风险，因此，每个骑手都要戴头盔。一个个幼小的车手，戴上各色头盔，分头骑着各色平衡车，在音乐伴奏下，嬉戏、追逐，场面煞是热闹。

一场派对下来，鱼丸满头是汗。他高兴得舍不得离开场地。

参加这次派对，鱼丸获得一个精致的小铜铃。他一进家门，便向奶奶展示这个铜铃。铜铃发出清脆的声音，奶奶当即联想到戈壁滩上行走的骆驼或在山间的马帮铃声。来不及细问比赛的情况，奶奶说：“鱼丸，把这铜铃给奶奶吧。太可爱了！”

“给你吧！”鱼丸大方地回答。他无法理解奶奶为什么这么喜欢铜铃。

3个月后，鱼丸又参加了一次“平衡车派对”。参加者大多不是上次的伙伴，但鱼丸仍是年龄最小的一个。他仍领了“一号”车牌。这次，鱼丸可不遵守纪律，也不听指挥了。当现场教练喊：“开始！”别的小朋友都朝指定方向滑行。鱼丸却自行拐弯，随意滑行。爸妈在场外大喊：“鱼丸，听指挥！”“鱼丸，别自己乱跑！”

鱼丸全然不理会，他朝爸妈微笑，扭头又歪歪扭扭地滑跑了。这次派对获得的礼品是玩具电子表。

家人都没太在意平衡车的“威力”和鱼丸骑车的技艺。这辆平衡车替代了滑板车。

小区内，没有广场；小花园面积太小，且周边又都是健身器材。小花园最长处也就10米多，平衡车可无法施展。鱼丸骑出小花园，上了小区通道，其速度比他玩滑板车还快。通道上正跑着快递小哥的电动三轮车。这下，吓坏了奶奶。奶奶自是追不上；阿姨年轻，也追不上。阿姨又大叫通道上的保安：“快给截住！”

经过围追堵截，鱼丸总算被保安叔叔“扣”住。大家舒了一口气："多悬！"

结果，鱼丸的平衡车与滑板车同被"禁运"。只有在广场或爸妈的监视下，才可使用。

“奶奶别说话！”

一天，鱼丸在图画纸上画画。只见他拿着黑色的画笔，在画纸上一点儿一点儿地剟着（指用笔在纸上戳）。奶奶温柔地问：“这是什么呀？”

“钉子！”

鱼丸头也不抬地随意回答，手上的笔继续在剟。“钉子”。哈！这是一本绘本上某页的故事。说的是木匠卡里拿着口袋到五金店买钉子，不料口袋有个洞，钉子从洞口掉落，撒了一地，把过往的汽车轮胎都扎破了。奶奶惊异鱼丸能记住这个故事，而且还会画钉子。

“钉子把车轮胎扎坏了吗？”

鱼丸没有回答，只说：“奶奶别说话！”

他仍低头剟钉子。

奶奶怔住了，怎么会不让奶奶说了。往常祖孙二人一问一答地说过月亮掉下来，哈利·波特的朋友等，鱼丸反应很灵活。

这时，鱼丸把“钉子”画扔在一边，取过另一张图画纸，把黑笔换成一支黄色彩笔，也不再剟“钉子”了，而是自上而下地画起了大竖条子。

奶奶忍不住又问：“这是什么？”

“奶奶别说话！”

显然，是奶奶打搅了他。奶奶并没有为孙子的拒绝而不快，她知道孙子有了自己的感觉，他在专心做他要做的事，不想被奶奶打搅，哪怕奶奶的语调再温柔、再甜蜜。

大竖条子画完。鱼丸拿给奶奶看，并说：“这是banana（香蕉）！”

附：卡里的钉子

奶奶给鱼丸讲了个故事。有个木匠叫卡里，他到五金店买钉子。他的口袋破了一个大洞。一路上，钉子从这个大洞里掉落下来。路过的汽车轮胎被扎破，都不能走了。

鱼丸听明白了，于是画了这幅画。

鱼丸画 木匠卡里的钉子撒了一地，汽车轮胎被扎破，不能走了。（3岁半）

月亮掉下来了

2016年11月14日，月球与地球距离最近。这天的月亮，被称为超级月亮。这是自1948年以来，月亮第三次距离地球最近。第二次在1986年。研究月球与地球的距离，是天文学家的事。对我等凡人来说，只是感到这天的月亮特大、特亮，很是稀罕。据天文学家预测，再想看到这么又亮又大的超级月亮，要到2034年。

12月4日，农历十一月初四，天空不再有超级月亮，而是蛾眉月。尽管已过近月点，但蛾眉月仍较往日异常大且明亮，而且有难得的瓦蓝天空，更展示其美和神秘感。

鱼丸奶奶在窗前欣赏着蛾眉月，鱼丸的哭闹声把奶奶的目光吸引过去。晚7点，妈妈、爸爸还没回家，鱼丸有些急躁不安，最后又发展成哭闹。奶奶赶紧把鱼丸抱起：

“走，咱们看蛾眉月去。”

鱼丸家住在七楼，窗前没有什么遮挡。奶奶眼睛里的蛾眉月，鱼丸哪看得懂。鱼丸哭丧着脸说：“月亮掉下去了！”在鱼丸的认知中，月亮就是一个大圆盘。什么叫蛾眉月？那不明摆着月亮没了。

“谁把月亮捡起来了呀？”

“星星！”

“星星把月亮放在了什么地方?”

“楼里！”

周边高楼早已闪烁点点灯光如闪闪星光。

“谁在楼里住？”

“爷爷和叔叔。”

“爷爷和叔叔干什么呢？”

“唱歌！”

“唱什么歌？”

“一闪一闪亮晶晶……”

鱼丸唱起来。

一个普通的夜晚，在祖孙二人的一问一答中充满了浪漫与幸福。

土拨鼠找棒棒糖

鱼丸想吃棒棒糖，想吃巧克力，他向奶奶要，奶奶解释饭后吃糖，牙会疼的。鱼丸哪里懂得牙疼，他的牙还没长齐。鱼丸闹得实在没办法，奶奶装出忽然想起什么的样子说：“好吧，咱们找土拨鼠，让他帮忙找棒棒糖，好吗？”

责任推给了土拨鼠。鱼丸在玩偶堆中，找出土拨鼠。他亲昵地抱着土拨鼠，说：“土拨鼠，你帮助奶奶找棒棒糖，好吗？”

玩偶土拨鼠只有成年人巴掌大，穿件小红衣，两只小圆眼睛黑亮黑亮的。土拨鼠好像能听懂鱼丸的话。鱼丸把土拨鼠递给奶奶，说：“奶奶，土拨鼠同意找棒棒糖。我要草莓味儿的。”

鱼丸奶奶假戏真演，抱着土拨鼠，对土拨鼠说：“土拨鼠，快给鱼丸找棒棒糖吧，他都着急了，要草莓味儿的。”

奶奶在屋子里乱翻、乱找，鱼丸紧跟其后。奶奶为不泄露藏东西的地方，示意阿姨将鱼丸引开。阿姨早就习惯奶奶这套伎俩，拉着鱼丸说：“鱼丸，咱们去听火火兔讲故事。”鱼丸才不上当。鱼丸说：“不，我要跟土拨鼠一块儿找棒棒糖！”

奶奶躲不开鱼丸，只好又唱又找，终于在鱼丸不注意的当儿，从某个“黑暗”处，摸出一根棒棒糖，塞到土拨鼠怀中，然后夸张地喊：“鱼丸快瞧，土拨鼠找到棒棒糖了。咱们看看是什么味儿的。”

鱼丸接过土拨鼠，用胳膊亲昵地搂抱着，两只手开始撕糖纸。

奶奶自以为有土拨鼠障眼法能骗过孙子。岂料，一天，鱼丸又闹着叫喊要吃巧克力，奶奶故技重演。鱼丸边哭边喊：“土拨鼠找不到，是奶奶给藏起来的！”

时年鱼丸2岁半，他怎么就识破了奶奶的诡计？

附：为土拨鼠歌唱

土拨鼠在鱼丸家扮演着重要角色。鱼丸奶奶很感谢土拨鼠。可巧，偶然的一天，奶奶在藏书中看到《外国名歌 201 首》。一翻，还真有一支关于土拨鼠的歌。再看歌词为德国诗人歌德原诗，曲更了得，是德国著名作曲家贝多芬！土拨鼠，你怎有如此好运？！

奶奶细看曲调为降 B，八分之六拍。应该是欢快的。于是，奶奶在鱼丸的电子琴上找找音，八九不离十，能够“自学”唱好。《土拨鼠》歌词如下：

我曾走过许多地方，

把土拨鼠带在身旁。

为了生活，我到处流浪，

带土拨鼠在身旁。

啊！土拨鼠，

啊！土拨鼠，

这土拨鼠陪在我身旁。

啊！土拨鼠，

啊！土拨鼠，

这土拨鼠陪在我身旁。

环球八十天

“奶奶，《环球八十天》中的福克先生为什么不坐大轮船？”棍棍问。

“那时候还没有现在的大轮船。”奶奶回答。

“他为什么不等大轮船做出来？”

“他也不知道会有轮船。”

“咱们给他画个大轮船吧！”

棍棍替福克先生画了一艘大轮船。在大轮船上又画了一个大耳朵的小精灵。“奶奶，我就是那个小精灵。”棍棍高兴地说。他又在大轮船左右上方各画了一个太阳。“奶奶，有两个太阳，福克先生就不怕黑天了。”因为没有黑天，满天都是微笑的云。

桾桾画（5岁）

找“秘密”

为了避免鱼丸糟蹋饼干、糖果，同时也为了限制鱼丸吃太多糖果和饼干，奶奶把所有的吃食都“坚壁”起来了。挂在鞋柜上端的布口袋、废旧的茶叶筒、装挂面的纸盒、书柜最上端书的背后……凡是鱼丸看不到、够不着、想不到的地方，都有“宝藏”。

渐渐地，鱼丸发现冰箱里有酸奶、巧克力，于是提出让奶奶抱：“我瞧瞧冰箱里都有什么。”从此，奶奶又在冰箱里做了手脚，酸奶、饮料前面横摆着青菜；装鸡蛋的盒子里“潜伏”着棒棒糖。奶奶怕棒棒糖被鸡蛋污染，又用包装纸包裹住棒棒糖。

随着鱼丸的成长，奶奶藏糖果的手段不断升级。奶奶把“坚壁”的糖果当作“秘密武器”，来对付鱼丸闹得不可开交的时候。

鱼丸闹脾气的时候，会提出“无礼”要求，诸如：“我要找妈妈！”“我要吃冰激凌！”……这时奶奶会说：“对，对，咱们给妈妈打电话。”或说：“对，对，咱们给快递小哥打电话，请他给快递冰激凌！”

别以为两三岁的幼儿好骗，尽管他哭得一把鼻涕一把眼泪，但头脑很清醒。他早就知道奶奶说的话都不会兑现。他说“要妈妈”，奶奶说打电话，他会说：“让我跟妈妈说话。”奶奶的谎话立马被拆穿。奶奶说请快递小哥送冰激凌，他会说：“路太远，冰激凌都化了。”总而言之，奶奶所答应的事，他一概不听，仍一味坚持哭闹。一天，奶奶急中生智。

“哎，咱们找找，咱家兴许有棒棒糖。”

“怎么找呀？”鱼丸开始缓和。

奶奶拉着鱼丸的手，边走边唱：“我们一同找找，我们一同找找，棒棒糖你藏在哪里，快快出来。”边唱边拉拉抽屉，佯装找糖果，没有。继续唱，继续“找”。趁鱼丸不注意，奶奶眼疾手快，指不定从哪里取出一根棒棒糖。又怕鱼丸知道藏糖的地方，奶奶攥着棒棒糖，继续拉

着鱼丸，又在屋里转来转去，翻翻这儿，瞧瞧那儿，嘴里仍不停地唱着，突然在厨房的饭桌上，“找”到棒棒糖，把棒棒糖高高举起：“棒棒糖找到了！”

鱼丸被奶奶这一通“找”，早把刚才“闹”的原因忘了，拿过棒棒糖，打开纸，取出糖，尝一尝味道。高兴的时候，他会说：“草莓味儿，好吃！”不高兴的时候，他一见棒棒糖的包装，便大喊：“我不要草莓味儿，我要妈妈！”接着，又“哇哇”大哭。

奶奶再施展伎俩，定能把鱼丸安抚平静。鱼丸原来的无理要求，一样都没能得逞。

姜是老的辣，此之谓也。

俗话说，道高一尺，魔高一丈。

鱼丸一天天长大，哪怕是一个星期、一个月，奶奶都会发现他的孙子真的在长大。

一天，鱼丸在柜子前，仰头往上望。奶奶问：“鱼丸，你看什么呢？”

“我找秘密！”

奶奶大惊，问：“什么秘密？”

“我找找，我也不知道。”鱼丸回答。

他这是有枣没枣打一竿子。他知道家里处处都藏有“秘密”。奶奶没太在意。她胸有成竹，所有的“秘密”，她经常转移。她也知道，她的孙子聪明，不转移，早晚会被他发现。

奶奶坐在椅子上，静观鱼丸的举动。只见鱼丸拉过一把小木椅子。他把木椅背靠书柜柜门。他登上椅子，伸手要取一个茶叶筒，但够不着。他看了看书柜，发现一侧立着一个团扇。他把团扇取过来，用扇面一点儿一点儿地拨动一只绿色茶叶筒。奶奶曾经从这只茶叶筒里“变”出过巧克力糖。显然，他要找巧克力糖。奶奶看见茶叶筒开始挪动了，随着扇面作用于茶叶筒，茶叶筒一点儿一点儿地挪动，挪动到鱼丸能够到的地方。

鱼丸踮起两脚，终于把茶叶筒拿到了。他诡谲地说：“找到秘密了！”说着，摇了摇茶叶筒，脸上出现狐疑的表情。当他打开茶叶筒盖时，看见里面空空如也，大失所望，喃喃自语：“什么也没有？”说罢，把茶叶筒扔在柜台上，下了木椅子。刚要转身离开，奶奶开腔了：“把小椅子放回原处。”鱼丸把小椅子放回原处，立刻又到放积木的地方，开始玩积木。

人类从学会使用工具走向文明，鱼丸也是从学会使用工具长大。他刚才的一系列动作，属于使用工具给自己“接胳膊”“接腿”。

幼儿园面试

鱼丸该上幼儿园了。他爸妈怕报一家幼儿园不保险，为他在两家幼儿园报了名。两家幼儿园都通知了“面试”时间。

第一家幼儿园的老师一开始便与鱼丸“聊天”。这是个四月天，桃花、榆叶梅、丁香吐蕊争艳。一不留神，还会“撞”上一股馨香，令人销魂。

“小朋友，你叫什么名字？”老师问。

“×××。”

“小名叫什么？”

“鱼丸。”

“几岁了？”

“3岁半。”

鱼丸对答如流。这类问题，他在小区或其他场合常被问起。他不怵。

“鱼丸，你来幼儿园的路上，看见花了吗？”

“看见花了。”

“都有什么颜色的？”

“白的、绿的。”

“有红的、黄的花吗？”

“那是冬天开的花。”

在一旁的爸妈，都被这回答惊住了：“怎么搞的，冬天路边哪里开红花、黄花？”

幼儿园老师不在意鱼丸回答得是否正确，继续“聊”。

“去过动物园吗？”

“没有。”鱼丸说完，立刻又改口说：“去过。”

“喜欢什么动物？”

“牛，大马。”

天哪，动物园里可没有什么牛、大马，一定是他把家中塑料玩具“农场”中的家畜与动物园的动物混淆了。爸妈替他们的儿子捏了一把汗。

……

又几个问答。临了，面试老师对鱼丸爸妈说："这孩子各方面都很好。"但是，人家对是否录取，没表态。这不能算"定案"。于是，爸妈又如期带鱼丸去第二家幼儿园面试。

有了第一次面试的经验，鱼丸妈妈很是放心。但她也发现，家长有不足的地方。于是，在出家门时，妈妈嘱咐儿子很多话，诸如见了老师，一定要先说"老师好"，老师问话时，两只眼睛要瞧着老师。儿子问："为什么？"妈妈说："尊重老师。"儿子又问："什么叫尊重？"

在一旁的奶奶，这时才插上一句话："嘱咐多了，他反倒什么都记不住。"奶奶对自家孙子面试充满信心。

接待鱼丸爸妈的老师，一见鱼丸，劈头一句话："这孩子一定不好好吃饭。"的确，鱼丸不胖、不高，只是中等个儿，体型偏瘦。这位老师接着问鱼丸妈："自己会穿衣服吗？"

鱼丸妈轻声回答："不会。"

"进幼儿园要学会自己穿衣服！"

紧接着，老师又问："有什么传染病吗？"

鱼丸妈赶紧回答："他没得过病。"

“没得过病，不等于没传染病。传染病都有潜伏期。”

鱼丸妈无言以对，老师也不追究，继续问：“有过敏吗？”没等鱼丸妈回答，接待老师指着桌上摆放的表格说：“看看上面所列的过敏名称，有就画‘钩’，没有就打‘叉’。”鱼丸爸妈拿过表格，逐项看，逐项打“叉”，然后把表格交给接待老师。

“父母的学历？”“肝功能？”接待老师接着问……

在接待老师与鱼丸妈对话时，鱼丸的小脑袋像拨浪鼓似的，随着双方问答，在妈妈和老师之间不停地转动。

轮到鱼丸上场了。另一位女老师出现，她和颜悦色地问：

“小朋友叫什么名字？”

“鱼丸。”

“今年几岁了？”

“3岁半。”

“喜欢上幼儿园吗？”

“……”鱼丸无语。

“喜欢唱歌吗？”

“……”鱼丸无语。

“喜欢什么小动物？”

“……”鱼丸继续无语。

……

在一旁的妈妈开始有些着急，弯腰轻声对鱼丸说：“回答老师的提问。”鱼丸丝毫不予理睬，接下去的几个问题，依然保持沉默。

老师保持着和颜悦色，对鱼丸爸妈说：“没关系，他有些紧张。”

离开“考场”，妈妈有些不满意地问鱼丸：“老师问你话，你为什么不回答？”

“我怕。”鱼丸用冰凉的小手，拉着妈妈说，“咱们快回家吧！”

那是一个美好的五月天。五月的鲜花，正在开放，到处是温暖的阳光。面试的鱼丸，内心却是一片恐惧，以致手脚冰凉。

放宽心在家等待面试归来的奶奶，看见这仨人进家门，急切地问：“怎么样？”语气里带着得意。她听到的是鱼丸爸仨字儿的汇报：“不配合！”

鱼丸爸爸怎么忘记：3岁左右的孩子，正在形成自我概念和自我意识，萌芽的自尊心也逐渐发展。当他们听到对自己的批评和否定等负面评价时，会不高兴，表现出反抗行为。鱼丸拒绝回答老师提问，正是他这种“反抗行为”的表现。

妈妈接孩子

一、二、三、四、五，
请你数一数。
妈妈来几个？
还有哪个没有数。

一、二、三、四、五，
我来数一数。
妈妈来六个，
那把小伞忘了数。

梯梯画（4岁）

入幼儿园第一周

2018年9月3日，鱼丸开始幼儿园的生活。根据幼儿的特点，幼儿园在第一周只有半天活动，吃过午饭，孩子们便回家了。在这一周内，可以有一位家人陪同上幼儿园。

第一天，鱼丸爸妈一起送他去幼儿园。一出家门，他便号啕大哭，哭声“震”得满楼都能听见。从家到幼儿园，一路上哭声不止。进了幼儿园，鱼丸死死抓着妈妈的手，就是不进去。好在有妈妈陪伴，他揪着妈妈的衣角，磨磨蹭蹭进了活动室。整个上午，他都不让妈妈离开。吃中午饭时，他坚持不与小朋友坐在一起。老师在劝解时，并没指责他，最后，把鱼丸单独安排在一张饭桌。其他小朋友都奇怪地看着鱼丸。饭菜端来，他大喊：“妈妈喂！”妈妈非常不好意思，她轻声对鱼丸说：“你看，小朋友都自己吃饭，吃得多好呀！”

“不，就让妈妈喂！”鱼丸坚持着。

第二天，出家门，依然是大哭；到了幼儿园，依然不进去，死拽着妈妈。妈妈挣开说：“今天是爸爸陪你，妈妈要上班，叫爸爸陪你去！”鱼丸又哭又叫，最后还是爸爸留下了。对孩子再怎么疼爱，也不能放纵呀。这半天，鱼丸仍然不配合教学。诸如：自己取水杯；到洗手间洗手，先要挤点洗手液，搓搓手；吃过饭，自己把碗、筷送回原处，等等，都是爸爸牵着手做的。鱼丸依然动不动就哭。回家后，鱼丸爸爸对奶奶说：“全班就他哭的时间长，声音大。”

在家“安静”两天的奶奶，终于撑不住了。她坚持要陪孙子，并信心满满地说：“平时他哭闹，到我这里，没几分钟就摆平。”她说她送大儿子、二儿子、大孙子进幼儿园，开头他们大哭，安抚几天就会好的。鱼丸爸再三说，爸、妈中一个人陪已经可以了，奶奶不必上场。奶奶说，幼儿园允许一个孩子可有一个家长陪同，并没规定不许奶奶陪同。

奶奶与爸爸讨论的结果是，奶奶“胜利”。第三天，老师见鱼丸奶奶牵着鱼丸的手进了活动室。幼儿园老师怕老人累着，又不好撵走奶奶，于是给鱼丸爸发微信，建议奶奶不用陪；要家长相信幼儿园老师，会使孩子情绪稳定。鱼丸爸也不好把奶奶叫回来，好在只是半天。

经过两天的过渡，鱼丸已开始适应新生活，能与小朋友坐在一起，听从老师的安排。

奶奶这一来，反而更糟了，鱼丸让奶奶站在活动室门口，不要离开。奶奶一离开，他就从活动室跑出来，大喊："奶奶！"

鱼丸不喝水，老师怎么劝说，他也不喝。奶奶走进活动室，蹲在鱼丸身旁："喝水呀，你看小朋友们都喝水呢！""水太多了。"他又开始矫情了。奶奶替他将水杯里的水倒出一些："可以喝了吧！""还是太多！"他继续矫情。"到底留下多少呀？"奶奶问。"剩下蜗牛眼睛那么多。"天哪！蜗牛眼睛充其量也只有小米粒的一半，或许比一半还小。鱼丸怎么会想到蜗牛眼睛？奶奶觉得好笑，但不敢笑。喝水的矫情总算解决了。

到了室外活动时间，鱼丸一种器械都不玩，只拽着奶奶。由于喝水耽误了时间，鱼丸在室外的活动时间也少

了。没几分钟，全班同学都回到活动室。他又不愿回去，开始嫌回活动室的路太长了。“你叫它们短一些。”奶奶惊诧地说：“楼道怎么能缩短？”鱼丸又矫情地说：“那就慢点儿走。”奶奶说：“怎么慢呀？”“像蜗牛走路一样慢。”奶奶这回真的忍不住笑了。

5天后，孩子们基本能适应幼儿园的新生活。幼儿园各班开家长会。会后，班主任还将发言用微信方式发给各家。班主任的讲话语重心长，她称，孩子入园后的种种“痛苦”表现，是一个孩子成长所必需的。适应一个新环境，本身就是孩子心理成熟的一种表现，作为家长，也不必太过惊慌。班主任还指出，大哭大闹型的孩子反而比较容易适应。

看了班主任的发言，鱼丸奶奶的心安定了。果然如班主任所说，第二周后，不再有家长陪同，鱼丸发生明显的变化，他竟然能安抚啼哭的同伴。

入园第十三天清早，他已多日不哭，这天，出家门时，高兴地对奶奶说：“奶奶，再见！”

牛牛生气了

“牛牛（中）想跟毛毛（左）玩，毛毛想跟冬妮（右）玩。冬妮也不想跟牛牛玩。牛牛生气了，吓得小鸟也飞不起来了。”

梠梠指着画，告诉了奶奶这天幼儿园发生的事。

梠梠口述并画（4岁）

奶奶难

奶奶经过一通“恶补”，达到“幼儿”水平，终于能与孙子对话了。

《拉大锯》的演变

20世纪30年代，鱼丸奶奶小的时候，妈妈教她说《拉大锯》。全文如下：

拉大锯，扯大锯，姥姥家里唱大戏，接姑娘，请女婿，小外孙子也要去。骑着驴，打着伞，光着屁股绾着纂（zuǎn），牛肉包子往上摆，不吃不吃，吃二百。

四五岁时学了也就学了，以后没再说。到了20世纪60年代、70年代，鱼丸的大伯和爸爸相继出生。鱼丸奶奶再教儿子《拉大锯》时，把后半部粗俗部分删除，又增加了两句，全文如下：

拉大锯，扯大锯，姥姥家里唱大戏。什么戏？《白毛女》《红灯记》。

简洁又有时代感。俩儿子学了也就学了，谁也没什么异议。

90年代，大孙子来到世上，奶奶仿照着给他爸爸说的《拉大锯》教了一遍。教了也就教了，没什么反应。如今俩儿子都不记得还学过《拉大锯》；大孙子对此事也不置可否。轮到小孙子鱼丸了。

奶奶在鱼丸2岁多的时候，又开始教《拉大锯》。她认为这是传统家教的启蒙。什么《拉大锯》啦，《小耗子上灯台》啦，《水妞儿水妞儿》啦，对了，还有《点牛眼》，等等，都是每个孩子在2岁到3岁时必会的童谣，学过这些经典童谣后，便逐步开始学《百家姓》《千字文》《三字经》了。《千字文》难点儿，《百家姓》《三字经》只要在5岁时学就能记一辈子。奶奶乐道的便是，她在读小学一年级以前，已经会背整本的《百家姓》和《三字经》，《千字文》所学不多。现如今，80多岁了，依然能背下来，只不过不那么顺，而且“丢行落字”了。

鱼丸躺在床上喝牛奶，奶奶坐在床边说：

“拉大锯，扯大锯，姥姥家里唱大戏。什么戏，《白毛女》《红灯记》。”

说着说着，鱼丸忽然对奶奶说：“鱼丸也要去。”

鱼丸并不知道80多年前，《拉大锯》中的确有“小外孙子也要去”一说。这时，他提出他也要去。他把这个童谣当真了。

奶奶多聪明呀，立马说：“行，行！你听着。”

“拉大锯，扯大锯，姥姥家里唱大戏。什么戏？《白毛女》《红灯记》。小鱼丸也要去。怎么去？骑大马，嘚、嘚、嘚。骑摩托，呼、呼、呼。开汽车，嘀、嘀、嘀。坐火车，呜、呜、呜。坐飞机，嗡、嗡、嗡。坐火箭，噌——一步上了天。”

鱼丸听了太高兴了，连说：“奶奶，再说一遍。”奶奶也兴奋地又说了一遍。鱼丸听了，要求再说。奶奶又说一遍。鱼丸还要求“说”。奶奶无奈地说：“奶奶累了，说不动了，明天再说吧。”

鱼丸没有表示可否，只说：“奶奶，我要穿衣服了。”

小耗子没掉下来

鱼丸每天早上7点，躺在床上喝奶。每当这时，他都要求奶奶讲故事。奶奶讲故事的时候，他常常接话，甚至评论。

这天，奶奶又说起那老一套的《小耗子上灯台》。

“小耗子，上台灯，偷油吃，下不来，急得叫奶奶，奶奶不搭理，小耗子叽里咕噜滚下来。”

鱼丸听完，放下奶瓶，非常不满意地说：“小耗子没掉下来！他奶奶买菜去了。”

奶奶明白，鱼丸不想让小耗子掉下来，小耗子是他的好朋友。

奶奶问鱼丸：“那小耗子怎么下来的？”

“他自己走下来的。”

照鱼丸的意思，这段童谣就不存在了。这么多年，起码百年以上，“小耗子叽里咕噜滚下来”人们最爱听了。耗子招人讨厌，没人喜欢，因此才有这段童谣。今天，这段童谣被鱼丸颠覆了。怎么挽救这段童谣？奶奶想了想说：“这段话，是胖猫唱的。胖猫是小耗子的邻居，他俩是好朋友，常常开玩笑。这天，胖猫在阳台上，剪着手指甲，看着小耗子家的房顶，成心气小耗子。”

这段补白，鱼丸接受了，但他要求“惩罚”胖猫：“那要叫胖猫掉下来。”

猫本就擅长“跳”，他怎么能从高处“掉”下来，而且还要“叽里咕噜”？

“奶奶，你快说呀，让胖猫掉下来！”

鱼丸一边吮着奶瓶，一而催促着奶奶。奶奶如果不能接续下来，鱼丸就不会把奶瓶里剩余的奶喝完。而且还会影响下个程序：起床，穿衣服。

“好吧，我让胖猫摔个大跟头，行吗？”

鱼丸满意地转向，正面躺着，继续吮着奶瓶，不忘催促：“快说呀！”

“这天，胖猫在自家阳台，对着小耗子家二楼唱这段童谣。他本来是想逗逗小耗子。他正得意时，小耗子家二

楼窗口伸出一条软梯，直落在胖猫家的阳台。小耗子顺着软梯，噔，噔，噔，走到胖猫跟前，质问胖猫：‘你为什么说我偷油吃？’”

“胖猫没想到小耗子会从软梯上下来。一哆嗦，从椅子上摔下来了。”

“后来呢？”

奶奶本以为补充这一段，就可以“糊弄”过去。没想到，鱼丸要听下文。

奶奶只好继续编：

“胖猫穿的是一身白色西装。这一摔，摔得浑身是土。他赶忙掸土。小耗子高兴地说：‘别掸土了，我带了吸尘器，把你身上的土都吸干净。’说着，他从衣服口袋里取出一个黑色的小棍棍。他按了开关，便在胖猫身上从上到下扫了一遍。”

“后来呢？”鱼丸继续问。

“胖猫和小耗子俩人一块儿找狗狗玩去了。完了，奶喝完了吧，快起来，穿衣服，咱们去小花园找胖猫和小耗子。”

“还有狗狗。”鱼丸补充。

上午的程序正常进行。

到《伊索寓言》家做客

一天，鱼丸坐在他的小书架前，突然对奶奶说："奶奶，咱们好久没去《伊索寓言》家了。"

鱼丸常把看某些绘本或图书当作"串门"。

"去《伊索寓言》家找谁玩？"奶奶问。

"给狐狸送葡萄呀。"

"《伊索寓言》家有好几只狐狸，有给小猎狗分肉的狐狸，有骗老山羊的狐狸，有骗乌鸦的狐狸。"

"奶——奶，"鱼丸拉着长调，意思是对奶奶应该知道但不知道的"谴责"。然后说："就是给没有吃到葡萄的那只狐狸。他在家一定很伤心。咱们给他送点儿葡萄，好吗？"

"好呀，安慰安慰他，叫他别伤心，下次跳得再高点儿，就能摘到葡萄了。”奶奶点头同意，又补充说：“需要我陪着你去吗？”

“不用。他家周围没有汽车，也没有红绿灯，挺安全的。”鱼丸说。

鱼丸想到《伊索寓言》家有许多的朋友，也要给他们送一点儿，便从葡萄架上摘下几串红红的葡萄，又打下一堆大红枣。他把葡萄和红枣装在一个竹篮里，直奔小树林里的《伊索寓言》家。

“砰，砰，砰”，鱼丸轻声敲狐狸的家门，里面没人应答。“砰，砰，砰”，鱼丸又敲了几下，屋里传出懒洋洋的声音：“门没锁，推门进来吧。”

鱼丸轻轻推开屋门，屋子里黑洞洞的，没点蜡烛。

“什么事呀？”

躺在草堆上的狐狸，无精打采地问。

“狐狸大哥，我给你送葡萄来了。”

鱼丸从竹篮里拿出一串葡萄。狐狸眯缝着眼睛，看见那串红葡萄，本能地坐了起来。但他又发现这动作太跌份儿了，于是，又假装整理衣服，慢慢地说：“鱼丸老弟，你为什么给我送葡萄？难道你不给我红枣吗？”

鱼丸对这突然一问有些招架不住，便实话实说：“狐狸大哥，我奶奶昨天说，你想吃葡萄，但没够下来。于是，她叫我给你送来一串。”

狐狸听到鱼丸的话，想起昨天经过他家葡萄架时，想摘串葡萄吃。怎奈鱼丸家的葡萄架高，狐狸跳了几次，一串都没摘下来。他羞红了脸，怕鱼丸奶奶看见，日后嘲笑他，便装作大模大样，满不在乎地说：“这葡萄还没有熟呢，肯定是很酸的。”这句话，到底被鱼丸奶奶听见了。鱼丸奶奶将这事告诉了鱼丸，并没嘲笑狐狸，只是说：“以后咱们摘点儿葡萄给狐狸。”这才使鱼丸第二天就要给狐狸送葡萄。

狐狸当时想：如果接过这串葡萄，就证明我昨天没够下葡萄，这在森林大院传开的话，该多丢面子。于是，他又装作若无其事地说：“昨天够葡萄的不是我，是那只没有尾巴的狐狸，他今天还躺在家里呢。你给他送去吧。”

鱼丸走出狐狸家。

狐狸看见鱼丸走了，非常后悔地趴在草堆上说：“昨天为了面子，够不到葡萄，说葡萄酸；今天又为了面子，撒谎说是没尾巴的狐狸。结果，我还是没吃到葡萄。”狐狸正在懊悔时，屋门被推开。

鱼丸说：“狐狸大哥，我只顾去拜访没尾巴的火狐狸，忘了给你留下一串葡萄和红枣。欢迎你到我家做客。”

鱼丸遇鲁滨孙

一天，鱼丸和孙悟空乘坐白云飞机来到非洲的马达加斯加岛。马岛周围被印度洋包围，它像一粒黑色的珍珠在闪光。

“咱们下去看看吧。”鱼丸提议。

“好主意。咱们下去后，坐游艇转一圈。”孙悟空同意。他在飞机上看到的马岛，像一粒弹丸，他想，岛上都有谁住着？

孙悟空的汽车稍加改装便可以当飞机，飞上天。他与鱼丸去英国找到哈利·波特；去美国找到米老鼠，都是乘坐他改装的飞机。因此，他的汽车叫白云汽车，他改装的飞机叫白云飞机。后来，孙悟空又将他的汽车改装成汽艇，汽艇也叫白云汽艇。

孙悟空找到一块平坦的海岸，降落下来。在他将飞机改装成汽艇的时候，鱼丸先到岸上转转。

马岛海岸边趴着几只大海龟，都闭着眼睛，它们在懒洋洋地睡午觉。鱼丸发现有两只海龟半个身子在水里，半个身子枕在礁石上。“嘿，原来你们睡觉也枕枕头呀！”鱼丸蹲下，仔细地看着熟睡的海龟。鱼丸从来没见过这么大的海龟，这些海龟的一个脚趾，比他饲养的乌龟都大。

鱼丸抬头看，发现远处有片树林。他知道孙悟空改装需要3个多小时。孙悟空特能干，不需要旁人帮助。鱼丸对孙悟空说：“我去小树林看看。”他以为眼前的树林，跟北京香山公园的红枫林一样。

“别走得太远。小心有野兽。”孙悟空嘱咐。

“不怕，我带着盾牌和木刀。”鱼丸蛮有把握，径自朝小树林跑去。

马岛太晒了，鱼丸满头大汗，跑累了，便放缓脚步，慢慢地在树林里走。没走多远，他发现天黑了，“奇怪，这才是上午10点左右，怎么忽然天黑了。”鱼丸心里嘀咕，抬头看看，透过树叶缝隙，天还是大亮大亮的。原来是树叶茂密，挡住了阳光。

鱼丸漫无目的地在树林中穿行，不小心被一段“树根”绊倒。一个踉跄差点儿摔个跟头。突然，刚才绊他摔跟头的那段“树根”，竟然从他身边蹿跑了。

“啊！”鱼丸一声惊叫。原来，那段“树根”是条蛇。鱼丸出了一身冷汗，紧紧握着他的盾牌。这时，他觉得手上的木刀太短小了，他想换个大树枝子，起码可以“打草惊蛇”，不致再被蛇绊倒了。

眼前一根棕色的“木棍”，大约一米多长，也不粗，正好握在手上。鱼丸猫腰去拾“木棍”。不料，“木棍”蹿出老远，敢情也是一条蛇！鱼丸这次真的害怕了。扑通一声，他坐在地上，这才仔细环顾这片“小”树林。

“小”树林里都是大树，只有仰着头才能看到树梢；树干都有小圆凳那么粗；树叶比他的脚还大，而且发黑。“妈哟，这都是什么树？从来没见过。”鱼丸思忖着，随手捡个树枝，是真的树枝，不是蛇。他拿树枝把自己周围的烂树叶清理干净，准备和孙悟空在这里吃午饭——野餐。

可在鱼丸低头扫树叶的时候，他看见一双大脚，大脚上穿的是破皮鞋。他顺着大脚向上看，裤子是草绿色迷彩裤，就是有点儿脏。再往上看，一个穿迷彩上衣的男人正低头瞧他呢。

“朋友，你叫什么？”对方说的是英语。

“我叫鱼丸。你叫什么？”鱼丸用英语回答。

“人们都叫我鲁滨孙。”

“你住在这个岛上吗？”鱼丸问。

“不，我来探险。”

“就你一个人吗？”鱼丸问。

“还有一个朋友，他叫星期五。”

“真逗！叫星期五。”鱼丸又一阵惊喜。

“是的，他没有名字，我俩认识那天是星期五，我就叫他星期五，他很高兴。”

鲁滨孙接着问：“你是一个人来的吗？”

“不是，还有我的朋友，他叫孙悟空。”

“为什么他没跟你进来？”

“他在岸边把我们的汽艇改装成汽车，马上就来。岛上好玩吗？”鱼丸急切地问。

“很好玩。你看见什么了？”

“海龟、蛇。”

“哈哈，岛上还有野猪、猴子以及各种鸟类。”鲁滨孙说着，从帽子上摘下一根鹦鹉毛，说：“漂亮吧，再走几步，你就会捡到各种漂亮的羽毛。”

鲁滨孙邀请鱼丸到他的小木屋，“来喝杯咖啡吧。”

鱼丸立刻回头朝岸边喊：“孙悟空！快点儿。我遇见新朋友了。”

“来喽！”

伴随着孙悟空声音的是白云汽车的马达声。

孙悟空大战神奇博士

一天，孙悟空闻到一股酸臭味。他又吸了吸气，对鱼丸说："今天又有霾了。我出去查看一下是什么原因。"

"要我陪吗？"鱼丸问。

"谢谢，不用。你忙你的吧。"

孙悟空开动他的白云飞机在城市上空转了两圈，得到的数据与上次的数据相同。他便决心向远处飞行。

在西北方向飞行的航线上，孙悟空突然闻到一股怪味儿，这股怪味儿同他的城市怪味儿一样。孙悟空便顺着怪味儿飞行。渐渐地，他闻到的臭味儿更浓。他从探测仪表上确定这股臭味儿就在白云飞机下面。

孙悟空停靠了白云飞机。他依据探测仪显示的方向，走到一间房屋门前。房屋是普通的月白色平房、百叶窗、木门。孙悟空轻按门铃。

门，自动地轻轻打开，同时伴有“欢迎光临”的声音，是机器人发出的。

孙悟空朝一间打开屋门的房间走去。从门外看见一位少年，面孔瘦削，戴着一副黑框眼镜。他的对面，便是一排试管。试管中有黄色的、红色的、绿色的气体。

“先生，您为什么没有预约？”

少年好像在写什么，没有抬头，轻声问孙悟空。因为屋里没有第三人。

“不好意思，请原谅，是你屋里散发的臭味儿带我来的。”孙悟空带着东方人的幽默回答。

少年站起来，礼貌地伸出右手，说：“我叫神奇博士。先生贵姓？”

孙悟空与神奇博士握手，说：“我叫孙悟空，人们都叫我猴哥。你也这么叫吧。请问神奇博士，空气都这样糟糕了，你为什么还在制造霾？”

神奇博士回答：“我不是制造霾。我是分析霾里有什么元素，这才能制止霾。”

“不能在其他时间吗?”

“不行。只有在空气最坏的时候，才能搜集空气，分析空气中的各种元素。”神奇博士振振有词地回答。

“你分析出来的臭味儿都上了天，又把我吸引过来，你不觉得太过分了吗？”孙悟空有些恼怒。

“先生，我的研究正在进行，我要数据，我无法停止。您不懂科学研究，就不必指手画脚了。”神奇博士也不客气。

“你不停止，我替你停止！”孙悟空被神奇博士激怒了。说着，他举起金箍棒，朝试管砸去。不料，试管只发出“砰、砰”的清脆声，并没有破碎。孙悟空心中纳闷：“不对呀，我这金箍棒可砸千斤，他的玻璃瓶却没碎？定有魔法。今天，我也叫他知道知道我老孙的厉害。”

孙悟空再次砸了一通试管，试管除了发出“砰、砰”的清脆声外，仍然纹丝不动。试管里的黄气、红气、绿气依然在里面滚动。神奇博士若无其事地继续写东西。这时只见孙悟空收回金箍棒，一个鹞子翻身，不见了。

神奇博士也奇怪，这个叫孙悟空的人，怎么忽然不见了。对，他定有隐身术。我何不也来个隐身，与他PK一番。神奇博士取过一件斗篷，往身上一披，也不见了。

这时，只听孙悟空喊道：“你踩我脚了！”神奇博士顺着声音一伸拳，拳头打在屋顶上。孙悟空已经跑到屋外，大喊：“你来呀，你来。”神奇博士追出屋外。孙悟空又进了屋内。他找到电源处，拔下插销，试管里的各色气体顿时停止了工作，变为固体。

神奇博士大惊，扔掉隐身斗篷，大喊：“猴哥，你到底为什么来的？为什么破坏我的工作？”

孙悟空也脱掉隐身衣说：“我在研究怎么制止雾霾，才发现你这里在制造霾。”

“误会，误会了。咱们俩都在为制止霾而工作，为什么不联合起来？”神奇博士情绪缓和许多。

孙悟空笑着说：“请你原谅，我的脾气不好，常因此办了坏事。”

孙悟空与神奇博士和好。他们决定，联合所有关心保护环境的人，共同治理大气污染，给地球人一个青山绿水的好环境。

分手时，孙悟空邀请神奇博士来中国。“欢迎你认识认识我的好朋友鱼丸和强强。”

恶补《星球大战》

“奶奶，黑寡妇叫什么名字？”

鱼丸这一问，把奶奶吓一跳：“黑寡妇！”这是成年人在读物或影视银幕中看到的人物。鱼丸书架上的图书保证没这个人物。不等奶奶转过弯，鱼丸接着又问：

“奶奶，美国队长叫什么名字？”

哦，知道了，一准儿是他爸给他讲的故事。在他的玩偶中，新近增加了蝙蝠侠、美国队长等，都是他爸给他买的。没错，是他爸给他讲的故事。他爸曾对鱼丸奶奶说过：“妈，您别老讲什么《拉大锯》《点牛眼》什么的。赶明儿他上幼儿园，一开腔就是《拉大锯》，人家笑话他！”儿子一番肺腑之言。

鱼丸奶奶的大孙子棍棍，在4岁的时候，开始玩“小

精灵”系列，甚至还讲过小精灵“演化”的故事。奶奶只觉得怪有意思的，再没往心里去。不久，桾桾上了小学，开始玩变形金刚。奶奶也只觉得孩子大了，玩的也该有变化。

看着孩子的变化，鱼丸奶奶没意识到自己与时代的脱轨，甚至老同学、老朋友都已成了网迷，整日互发微信，鱼丸奶奶纹丝不动，仍用座机与友人联络。人不在家，什么电话都接不上。

今天，鱼丸一问黑寡妇、美国队长叫什么名字；儿子又告诫老娘经典童谣《拉大锯》会招人笑话，鱼丸奶奶真的猛醒了。

时代进步了，地球人都住在“地球村”。奶奶平时只当这是国家领导人、科学工作者的任务，与她无关。用她的话说“我是且退且走，离社会越来越远”，不料，“时代”追着她，“地球人”也追着她。她既不能退，也不能不走。她只有迎头赶上，别无选择。

鱼丸奶奶开始“恶补”，首先补《星球大战》，继而补《银河护卫队》《蝙蝠侠》《美国队长》……故事情节，永远闹不清楚，但人名总要记住，人物关系总要搞明白。人物的品质，不以武艺分高低，而是以对小朋友好坏划分：不打小朋友的，好人一个；打小朋友的，坏蛋，不理他。

奶奶经过一通“恶补”，达到“幼儿”水平，终于能与孙子对话了。

“鱼丸，告诉你吧，黑寡妇名叫娜塔莎·罗曼诺夫，美国队长叫史蒂夫·罗杰斯……”

“他们有好朋友吗？”鱼丸又有新问题了。

“有！每个人都有好朋友。”

奶奶借机要把话题拉回到自己熟悉的人和事。

“哈利·波特的好朋友是谁？”

鱼丸发起攻势。

“罗恩！”

“米老鼠的好朋友是谁？”

“唐老鸭！”

“还有高飞、布鲁托、米妮、黛丝。”

鱼丸补充。

在鱼丸面前，奶奶始终要保持“谦虚”“谨慎”。

“鱼丸的好朋友是谁？”

“孙悟空！”

鱼丸满意了。他说：“孙悟空就是我的好朋友。奶奶，强强、欣欣、妞妞也是我的好朋友。”

“对，还有明明、大宝、柠檬。”

“那咱们能打败怪物吗？”

“能！”

“走，奶奶，我拿盾牌和大刀，你拿手枪，咱们打怪物。”

给唐老鸭送礼物

新年到了，鱼丸会收到来自爸妈、奶奶、外婆、舅舅、叔叔等长辈亲友送给他的礼物。奶奶也帮助鱼丸准备一些礼物，送给小朋友。

“奶奶，米老鼠、高飞都有礼物了，只有唐老鸭还没礼物。唐老鸭伤心地哭了。”

鱼丸指着他正在看的一本故事书，这本书通过新年礼物帮助小读者区分序数词与基数词。同样表示1、2、3、4、5，序数词和基数词在使用上不同。鱼丸还掌握不了这些概念，他还是喜欢听故事。

“米老鼠收到什么礼物了？”

“他收到一双鞋。”

“米妮收到什么啦？”

“她收到一台照相机。”

“布鲁托收到什么啦？”

“他收到的是一根骨头！”鱼丸觉得这根骨头很有意思。他做出小狗啃骨头的样子，补充说：“真好吃呀！”

“黛丝收到什么礼物啦？”

“一本书。奶奶，你看，唐老鸭看见他的朋友都抱着礼物，他多伤心呀！”

的确，画面上的唐老鸭双手托着下巴，两眼无奈地看着朋友们脸上洋溢着喜悦的表情。

“奶奶，咱们给唐老鸭送什么礼物？”鱼丸问。

“送他一本书吧。”

“我想送他一只玩偶——大恐龙！”

鱼丸已经从他的玩偶堆里抱出最大的那只恐龙。这是他爸妈昨天刚给他买的，也是他在商店里挑的。

“奶奶，我给唐老鸭送恐龙，他喜欢吗？”

“一定喜欢。”奶奶肯定地说。

“米老鼠、高飞、布鲁托、米妮、黛丝都给唐老鸭送去礼物了。咱们再找欣欣、明明、强强和妞妞，让他们也给唐老鸭送礼物，好吗？”

“很好。明天你把送给小朋友的贺卡和巧克力给他们的时候，问问他们愿不愿意给唐老鸭送礼物。”

“好嘞！”

鱼丸高兴地把新年贺卡和一块巧克力糖，放进一个小礼品盒里。他向往着第二天与好朋友讨论给唐老鸭送礼物的事。

她们为什么都没名字

“小小姑娘，清早起床，手提花篮上市场。走过大街，走进小巷，卖花卖花，声声喊。”

清早，奶奶唱着歌，陪伴孙子喝奶。

“奶奶，小姑娘为什么去卖花？”鱼丸插话。

“因为她爸爸妈妈病了，她用卖花的钱，给爸爸妈妈治病。”

“她的花卖出去了吗？”

“没人来买。”

“那她怎么办？”

“卖花姑娘正在发愁。”奶奶接着把这支歌的下半段唱完，证明她说得对。

鱼丸放下奶瓶说：“奶奶，把我的卡给她吧，叫她去买药。”

“鱼丸，你真好。有了你的卡，卖花姑娘也就不哭了。”

鱼丸所谓的“卡”，就是他爸妈给他的废旧卡。但他知道，“卡”里有钱。

又一天，奶奶讲了卖火柴的小女孩的故事。

“这一天是最冷的一天，街道上，到处是冰雪。卖火柴的小女孩又饿又冷，她的手都冻僵了……”

“奶奶，什么叫冻僵了？”

“就是手指头冻硬了，不能动。”

“奶奶，讲。后来呢？”

“后来，卖火柴的小女孩只好将她要卖的火柴，一根根划着，用火柴的一点点热取暖。”

“奶奶，什么叫取暖？”鱼丸插问。

“取暖就是暖和暖和的意思。”

“哦，讲。后来呢？”

“后来，卖火柴的小女孩把她的火柴都划着了，也没暖和过来……”

“奶奶，快把我的大衣给她穿上。”

“来不及了。”

“为什么？”

“卖火柴的小女孩死了。”

一阵安静。

“奶奶，为什么卖花姑娘和卖火柴的小女孩都没有名字？”鱼丸问。

鱼丸奶奶还真没想过这事，只好说：“咱们给她俩起个名字吧！”

胖猫和智能鼠

猫先生白白胖胖，很爱干净，经常洗手。他总穿一身白衣服，一双黑皮鞋。出门旅游的时候，还爱戴一副金丝眼镜。见了邻居家的小朋友，必定说：“小朋友早！”或“小朋友好！”他还会讲笑话。因此，小朋友都喜欢他。猫先生的朋友，亲昵地叫他胖猫。

鼠先生是猫先生的邻居，是一位建筑工程师。他身材瘦小，平时爱穿一身灰色工装。鼠先生很聪明，他家成了智能家。他家有一辆老式福特汽车，经他改装，可以当飞机，还可以当游艇。为了节省水电，他在手机上设置了软件，什么时候开灯，什么时候用水；灯开多长时间，水用多少，都由软件控制。周围邻居都叫他智能鼠。

奶奶刚说到这儿，鱼丸问：“鱼丸家住哪儿？”

奶奶说：“住在他们两家对面。”

“哦，接着说。”鱼丸说。

一天中午，胖猫坐在阳台上晒太阳。他跷着二郎腿，剪着手指甲。胖猫抬头看智能鼠家的院子。智能鼠住的是中国式的四合院。灰色的房子，院子里有枣树、海棠树和各种花。小鸟和蝴蝶、蜜蜂常在院子里玩。胖猫以为智能鼠没在家，他便高声唱：“小耗子，上灯台，偷油吃，下不来，急得叫奶奶，奶奶不搭理，小耗子叽里咕噜滚下来！”

胖猫正想再唱时，忽见一条软梯从智能鼠家的房顶上投过来。只见智能鼠踩在软梯上，噔、噔、噔，走到胖猫跟前。智能鼠对胖猫说：“胖猫，胖猫，见了耗子撒腿跑。”

胖猫没想到智能鼠会这么快地站在他面前。浑身一激灵，从椅子上滑到地上。

智能鼠看见胖猫摔了下来，哈哈大笑，说：“胖猫，胖猫，见了老鼠就摔跤！”

胖猫很没面子，顾不上拍身上的土，立刻扑向智能鼠。智能鼠身体灵活，跳到软梯上，离开了胖猫家的阳台。边走边回头嘲笑胖猫：“胖猫，胖猫，摔了跟头喵喵喵！”

胖猫在阳台上大叫："小耗子，上灯台，偷油吃，下不来，急得叫奶奶，奶奶不搭理，小耗子叽里咕噜滚下来！"

智能鼠站在软梯上说："过来呀，过来呀！胖猫没辙了！"

空中飞过一只乌鸦，他大叫："别吵了，别吵了。都是好朋友，不应该互相骂。"

鱼丸对奶奶说："不是乌鸦，是鱼丸！"于是，他大喊："都是好朋友，不要骂人！"

救蚯蚓

暴风雨刚刚停止，电话铃响了。椙椙跑去接电话，很快，他站在厨房门口对奶奶说：

“陆强来电话，让我快去救蚯蚓。”

“救蚯蚓？雨刚停，外面还都湿着，等一会儿太阳出来，再去不迟。”奶奶不明就里地说。

“不行，去晚了，蚯蚓都会被轧死的。”

“你们怎么救蚯蚓？你把蚯蚓装进瓶子里，蚯蚓准死。蚯蚓是不能离开土地的。”奶奶振振有词地说。

“奶奶，我们救蚯蚓不是把它装在瓶里……”

椙椙有些着急，但他坚守着爸妈的嘱咐——听奶奶的话，出家门要征得奶奶的同意，自己别乱跑。奶奶知道陆强是个乖孩子，椙椙和他在一起，不会乱跑乱闹。

“去吧，别乱跑乱闹，别踩水……”

奶奶的一系列“别”还没说完，桾桾已经出家门了。

陆强在楼门口等着桾桾。他两人各捡一根小树枝，就朝小区内的小马路走去。他们顺着花园小栅栏走。用桾桾对奶奶的话说：“蚯蚓住在地下。一下雨，水就把蚯蚓的家淹了，蚯蚓都从家里爬出来。有的爬到通道上，有的大人骑着自行车，也不看地面，常常从蚯蚓身上轧过去；还有的小孩，故意拿石头砸蚯蚓。因此，我和陆强约好，每当雨停，立刻出来救蚯蚓。”

“救蚯蚓”对于一个7岁的男孩说来，就算是一场“壮举”。桾桾和陆强，猫着腰，顺着小栅栏，找正在往外爬的蚯蚓。一旦发现，他们便用小树枝把蚯蚓轻轻挑起来，再放回栅栏里，嘴上还说：“别乱爬，小心被车轧死。”

偶尔，他们还会在小马路当中，发现一条正在爬的蚯蚓。对蚯蚓来说这必死无疑。他俩赶过去，大声喊：“别跑了，汽车马上过来。”然后，将蚯蚓挑起，快速跑到小花园，放到土地上。

桾桾回家的时候，头上、身上都是水。奶奶从不指责

他，只是轻声说："快用温水洗洗脸，擦擦头上的水，换件干衣服，把脚也擦干！"

奶奶在厨房一边做饭，一边嘱咐着。桾桾早听熟了这一套，他已经按照奶奶说的程序洗脸、换衣服、擦脚、换鞋。

桾桾暑假里救了几次蚯蚓。开学后，他写了一篇作文，题目就是《救蚯蚓》，还有其他关于生物的作文，如《"吊死鬼"变蛾》等。语文老师发现他对生物有兴趣，奖励了他两条蚕，并把他介绍到区科技馆，继续拓展他的知识领域。

百蚕夜遁

棍棍读到小学三年级，开始写作文。四年级开春，老师为了表扬他写的《救蚯蚓》和《“吊死鬼”变蛾》等，奖励他两只蚕宝宝。那天放学，等在校门口的奶奶，远远地就看见棍棍双手捧着什么，弓着腰，小心翼翼地走出校门。

“奶奶，你养过蚕吗？”

在回家的路上，棍棍继续捧着那两只蚕宝宝，问奶奶。

“养过。”

奶奶爽快地回答。奶奶也是读小学三年级开始养蚕的，可算是历史悠久。

“也是两条吗？”

“不，好几十条。”

桾桾惊叹：“哦，好几十条！我爸养蚕吗？”

“也养过。”

“多少条？”

“上百条！”

“上百条！”桾桾大叫起来，“太夸张了吧。”

奶奶及时补充说：“养到一半，我喂了喷洒过农药的桑叶，没几分钟，它们就全身变绿……”奶奶回想着当时的情景，心头还是一紧，接着说：“我和你爸、你叔叔都伤心得不敢看。多亏你爷爷，把死蚕挑出去，把活蚕放在另一个盒子里，又喂了好桑叶。从此，剩下的二十几条蚕，全由你爷爷喂养，直到它们吐丝、作茧。”

“我爷爷真好。”

平时，桾桾就喜欢爷爷。爷爷什么时候都不发脾气。

“后来呢？”

他们已经走到家门口，桾桾非要听完“结果”，他用手按住奶奶开门锁的手。

“后来不养了。”

“为什么？”

“太伤心了。”

“奶奶，这回我不让您伤心。老师还让我写观察日记呢。”说完，他放开按住奶奶的手，祖孙二人进了家门。

“养蚕”生活又开启了。

桾桾爸爸负责摘桑叶，妈妈负责从中挑选肥大、嫩绿的优胜叶，桾桾负责喂养。他的《养蚕日记》便随着蚕宝宝的生长、吐丝、作茧、成蛾、产卵，做了全程记载。

桾桾的蚕宝宝，有老师奖励的两条，同学又送了4条。6条蚕，共同生存到成蛾、产卵。蚕卵由奶奶负责保管。6条蚕把全家串联起来。

第二年，快近惊蛰的时候，有的幼蚕开始破壳出来。小小的，比蚂蚁还小。奶奶撒上一点儿茶叶，非常权威地说：“现在天气冷，桑树还没吐芽，刚出壳的蚕宝宝只能吃茶叶。”

没几天，蚕卵陆续破壳。小小的幼蚕颜色与茶叶色相仿。那张蚕卵“纸”开始“动”起来。桾桾放学第一件事，便是数一数“出”了多少条蚕。那么小，颜色又黑，哪里数得准。

过了清明，蚕宝宝都已有近一寸长，颜色也白了。它们被安置在一个大纸盒盖上。小区院里有多棵大桑树，桑叶充足。蚕宝宝长得很快，它们吃桑叶的声音都能听见。数了数，大概100条，只多不少。全家幻想着百十多个蚕茧的景象。“明年，咱们家可要成蚕作坊了。”桾桾奶奶不无得意地说。

桾桾上学前，例行都要看看蚕盒，数一数到底有多少条蚕。没想到，这一天清早，桾桾发现蚕没了。他叫奶奶：“奶奶，快来看！蚕都没了。”

奶奶不以为然地说：“怎么会没了？我昨天睡觉前看了一遍，还撒了许多的桑叶。”奶奶边说边朝放蚕宝宝的纸盒盖走去。纸盒盖放在客厅的一张桌子上。

奇怪！真的，蚕全都没了。全家查看现场。纸盒盖依然安放原处，没被动过；桑叶平平地摞着，没有被翻过的迹象。显然，蚕是自己“走”的。

“会不会被红蚂蚁吃了？”桾桾提醒说。

桾桾爸爸轻轻掀动桑叶，他说：“要是被红蚂蚁吃了，那得有多少只红蚂蚁呀！再说，多少也得有个尸首吧。怎么连尸首都没有？”再说，家里也没出现过红蚂蚁。

既没有被虫咬伤的迹象，桑叶又都整齐摞到一起。莫不是夜遁了？为什么百十多只蚕宝宝，一夜之间，悄无声息地全失踪了？没有留下任何痕迹。

“百蚕夜遁”成为桾桾家至今都没“破”的疑案。

自此，桾桾家再不养蚕了。

对话与对画

“奶奶，您干什么呢？”

“画画。”

“画什么？”

“狐狸。”

“狐狸干什么呢？”

“够不着葡萄说葡萄酸。”

2006年一个暑假的下午，桾桾和奶奶在方桌旁相对而坐，两人都在低头画什么。

“桾桾，你干什么呢？”

“画画。”

“画什么？”

“火狐狸。”

“火狐狸干什么呢？”

“火狐狸的尾巴被捕兽器夹断了。他在想，用什么办法让所有同类都把尾巴割掉。”

寒暑假里，梠梠都要在家围着奶奶转，爸妈嘱咐了，奶奶年纪大，别磨奶奶带他出去玩。周六、周日爸妈休息，再带他出去玩。梠梠是个听话的孩子。果然，他不磨奶奶带他出去玩。但是，奶奶又不允许梠梠自己出去玩，哪怕是有同学来家找，也只能在家玩，不能出去。“你们小孩子不懂事，街面上车多人多，万一出了事，后悔就晚了。”

梠梠奶奶画 《看见葡萄的狐狸》

漫长的暑假，祖孙二人在家干什么？总得让孙子过一个快乐的暑假。这年他10岁，也算半大小子了。浑身有使不完的劲儿，总得释放呀！奶奶想了，跟桾桾一块儿玩四轮驱动。什么叫四轮驱动？奶奶也不得要领，左看右看，还不是汽车？唉，随人们叫去，说“汽车”总不算错。奶奶把轨道都铺在厅里的地上，旁边摆着所有小汽车。祖孙二人玩汽车比赛，每人都选四轮灵活的汽车。有的汽车掉轮子或轮子不转动的，搁在一边，谁也不挑。

激烈的汽车比赛，顶多也只能玩一个小时，就该换新花样了。最好的办法就是画画。画画能使人安静下来，还可以随心所欲，爱画什么画什么，愿意怎么画就怎么画。奶奶没学过画画，孙子也没进过美术班。本就是为了打发时间，练习画画，一举两得。

这么着，桾桾把他的彩笔、蜡笔、油画棒全拿出来；奶奶把爷爷用过的废图纸找出来。奶奶和孙子又搜罗出一批绘本，包括桾桾在幼儿园时看过的图画。一张小小的饭桌，堆满许多工具，祖孙二人，很快就进入状态。

暑假，也是暑天。楼外只有骄阳暴晒，别无声响。知了热烈地鸣叫，更增加酷暑的难耐。

祖孙二人，谁也不说话。偶尔会抬头对视片刻，又各自乱画，这就有了本文开头的对话。画画也只能画个把小时，孩子没耐性。

“该收摊了。”奶奶伸个懒腰说。

奶奶要准备做晚饭了。桌面上要尽快收拾干净，以供晚饭用。桾桾已经学会收拾“残局”。三下五除二，什么笔呀，纸呀，同类项归在一起。画好的图画呢？

“奶奶，这张要不要？”桾桾举着奶奶画的画问。

奶奶已系上围裙进厨房了。

奶奶隔着玻璃一张一张地看，“不要”“不要”。说了“不要”，便是桾桾自行处理，百分之百是团了，扔进垃圾桶里。每天，各人留下的，也仅两三张。现在看来，这留下的“作品”，真是“作品”。奶奶爱不释手，一幅“狐狸”已被某杂志做插图使用了。

本来画画是为了打发时光，为了哄孩子。桾桾在与奶奶画画的过程中，对画画有了兴趣。平素抽空自己画，后来，成了班上美术课的“常优生”。为此，他爸爸送他一个正式速写本，以资鼓励。

奶奶看见孙子得到奖励，心里酸酸地、羡慕地看着孙子说："你爸爸只知道鼓励他的儿子，他怎么没想到鼓励他妈呀……"

棍棍立马安慰奶奶说："奶奶，您别着急，等我大学毕业挣的第一笔钱，先给您买个跟我这个一样的速写本！"

孩子纯真的话，如一缕希望之光包裹着奶奶，像阳光一样温暖，像蜜一样甜美。

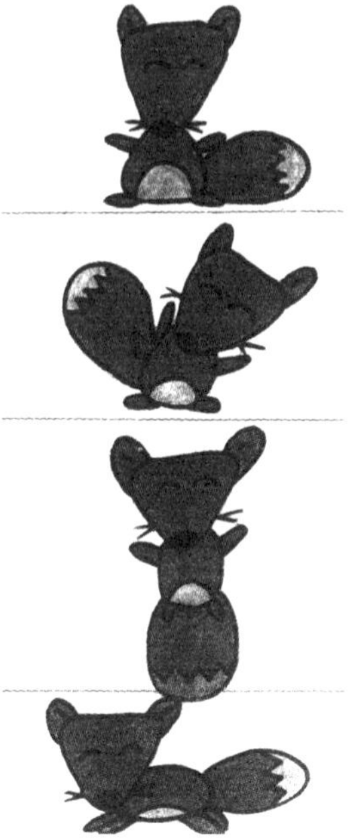

棍棍画 被夹子夹断了尾巴的金狐狸，幻想再有尾巴。（11岁）

“奶奶，你吃什么呢？”

奶奶照看孙子，儿媳、儿子深感老人家劳累、不易。孩子小，不到进幼儿园的年龄，只有在家照看，别无选择。为了表示对奶奶的谢意，常给老太太买点儿好吃的，诸如驴打滚、艾窝窝等，或是买件新衣，买双新鞋。奶奶心领了。

一天，鱼丸妈下班回家，一进家门，趁鱼丸不注意，给奶奶一盒蛋挞：“您趁热吃，刚出烤炉，还热着呢。”

奶奶心领神会，接过蛋挞，回到自己屋里，正准备藏起来。鱼丸跟进来，连说：“奶奶，妈妈给你什么好吃的了？”

奶奶有些慌张，连说：“没什么，没什么！”鱼丸满脸狐疑。妈妈紧跟进来说：“鱼丸，别缠着奶奶，快来看

奶奶，你吃什么呢？

妈妈给你带来的新贴画——美国队长和黑寡妇！”鱼丸不情愿地跟着妈妈出去，但还是回头看奶奶。

其实，妈妈给奶奶买的点心、蛋糕之类的吃食，也没什么新鲜的，只不过是有些糕点不适合幼儿吃；有时候，因是吃过晚饭，孩子不宜再吃甜的、油腻的食品。

这道理说给孙子听，他能懂吗？没辙，奶奶只好“偷”着吃。

就在鱼丸随妈妈到厅里的当儿，奶奶把屋里的灯关上，表示奶奶不在屋，然后坐在不对门的椅子上吃蛋挞。

鱼丸又回来了。他不放心，奶奶一定有“行动”。黑暗中，不知是他猜中的，还是真的看见了，他突然问：“奶奶，你吃什么呢？”

奶奶嘴里正有一口蛋挞，咽也不是，吐也不是，但终究还是咽了。于是，一边擦嘴，一边含含糊糊地说：“什么也没吃。”

“我闻到味儿了！”

鱼丸穷追不舍。

自此以后，鱼丸妈给奶奶买的任何好东西，奶奶都要等鱼丸入睡后，方可大大方方地吃。昔日，奶奶都是沏上一杯绿茶或冲一杯热咖啡，听着某支小夜曲，靠在沙发上，旁边放着一小盘兰花豆、一块驴打滚，包括一块抹香酥，等等，手上捧着一本喜爱看的小说、杂志或当天的报纸。这诸多元素综合在一起，才算“休闲”，才能吃出味道或听得过瘾。现如今，因为看孙子，这一套全打乱了，只剩下关着灯“偷”吃。有何味道可言？！但，奶奶乐意、高兴。

第二天，各家孩子齐聚小花园时，鱼丸奶奶把“偷”吃蛋挞的尴尬事，先讲给团团姥姥。团团姥姥一听，乐了：“敢情您也这样！我也找背光的地方‘偷’着吃。还真巧，团团就发现了。她也问：‘姥姥，你吃什么呢？’我当时真有点儿害臊。老大不小的人，叫孙女发现‘偷’吃！”

说这话的时候，团团才1岁3个月，正在蹒跚学步，咿呀学语。她看见了姥姥“偷”吃东西。

鱼丸奶奶和团团姥姥说得正热闹，强强姥姥插话了：“强强发现我‘偷’吃，也嚷嚷着要吃。我举起来说：‘孩子，你咬不动！’您猜怎么着，强强硬说：‘我咬得动，我咬！’这下，局面更难收拾——姥姥跟外孙子抢食儿！”

几位老姐妹，争说自己“偷”吃的故事，可两个眼睛都盯着各家孩子。

“哎，别打架！”

哪家孩子又打起来了，内中相关的奶奶或姥姥忙跑去劝架。

可怜天下奶奶、姥姥之心！

真的。

备课

为了能做到天天给鱼丸讲故事，鱼丸奶奶必须要备课。这种备课，要把书中的故事用简单的词句和简洁的节奏，在两三分钟内讲完。鱼丸的“耐力”也仅仅是两三分钟。过了这个时间，他会起身做别的事情了。如果坚持传统讲故事的叙说：“从前……”没等说完，人就不见了。

“备课”对鱼丸奶奶不仅不是麻烦的事，反而增加了她的兴趣。有一本绘本，讲述猪爸爸和猪妈妈带着猪小弟和猪小妹去旅游，沿途遇到各式汽车，什么香蕉（型）车、酸黄瓜（型）车、皮鞋（型）车，等等，既古怪又有趣。这样一页一页地讲，看来很容易。

但是，鱼丸不愿意听这么平淡无奇的叙述，他想听

“故事”。猪爸爸带一家旅游，看见什么，很快讲完。这又太浪费“资源”。一大本绘本，就这么两三分钟讲完，太浪费、太可惜。于是，鱼丸奶奶从中选取有特色的人物和情节。这个也不算难，难在百十多页，你怎么能一翻就翻到你要讲的“人物”的情节？

鱼丸奶奶开始做笔记了。在这个绘本里，除了猪爸爸一家的故事，奶奶还发现绘本中有只金虫子，金虫子在绘本中只有指甲盖那么大，因为他没有自己的汽车，必须搭乘别人的车。这就有戏了：金虫子忽而在某辆车里，忽而又藏在卡车上老山羊雕塑的底座上。绘本不是专写金虫子，而金虫子只是个噱头，被鱼丸奶奶捕捉到。这样，鱼丸奶奶必须写“教案”了。第×页，金虫子在什么地方；第×页，金虫子在什么地方……

“找金虫子”成为鱼丸奶奶从这绘本中派生出的故事，奶奶依次又从中发掘了《木匠卡里的故事》《一路闯祸的皮皮狗》等几个小故事。

鱼丸每翻看这个绘本，都会仿照奶奶的语气说：“今天，咱们找找金虫子吧！”或者“咱们看看猪爸爸在农场吃生玉米！”

当然，鱼丸不能顺畅地找到故事“情节”，奶奶也背不下来，奶奶便借助写就的“教案”，一口气，连说带翻书，一气呵成。

鱼丸还为木匠卡里画了一张画。

附：鱼丸奶奶“备课”的底本

备课

P53 游泳池卡车

P58 高尔夫球手的两个球

P58 在两人之间

找金虫子

封二：皮皮狗后面

P8 与雕像山羊在一起

P15 被吊起来的小汽车里

P20 金虫子装卸车

P24 汽车销售公司

P31 酸黄瓜车里（看牙医）

P37 疯虫子把线弄得一团糟

金虫子在疲倦的旅行者旁

P40 金虫子报警（左下角）

虫小姐车起火

P45 汽车大赛、金虫子在遮阳小轿车里（右下角）

全能鼠跑第一

姐们儿，咱们也吃点儿

上午10时许，我们出发了。我已经“全副武装”，身穿大衣，头戴毛线帽，脚穿棉靴。右手提长枪；左胳膊挎一只白帆布口袋，里面有左轮手枪一把、机器人一个、大皮球一个、玩偶小猪佩奇。肩头还背一个布包，里面装着一瓶白开水、一小圆筒饼干、几粒巧克力糖球，还有干湿纸巾各一小包。

这身打扮来自2017年12月21日冬至那天。

小区内，3岁以上的儿童都进了幼儿园，剩下的便是3岁以下的幼儿。每天上午9至10时，各家的奶奶、姥姥推着童车，带着各家的宝贝儿，或集中在本小区的小花园，或到小区对面的某干休所。更换地点依天气而变。初春至仲夏，在本小区内。毋庸置疑，本小区有高大的杨树及四时应景的桃树、榆叶梅、石榴树、紫藤、月季等，重要的是有儿童滑梯、跷跷板。夏天，小花园的蚊子，把大家轰到其他空地。及至冬季，大家全聚在某干休所的篮球场。

“咱们也成候鸟了。”说到转换场地，奶奶、姥姥们也不无打趣地说。

每天上午，有孩子的各家到了“集合”地点，有秩序地把童车停靠在不碍事的墙根、矮黄杨旁，然后把孩子放下：“玩去吧！”孩子跑开了，大人凑到一块儿“开聊”。

没两分钟，一准儿有“事”发生。不是谁家孩子抢了人家的枪、玩偶，就是抢滑板车、三轮车。“闲聊”的奶奶、姥姥停止闲聊，都拥到“事故”现场。所有孩子都有个共同毛病，即别人家的东西都是好的，自家的“没意思”。各家教子又有一致的地方，即“共享”“交换”“互助”。因此，争执发生，孩子喊，大人叫，几分钟就能“搞定”。

争执解决后，老姐们儿又聚集一块儿，继续聊。

见天儿地照看孙子、孙女，奶奶、姥姥间也结下了友情。

都是六七十岁的人，原本都在天南地北，只因照看

第三代，才“走到一起来了”。孩子每天上午一个多小时的室外活动，锻炼了身体。老的跟着“冬练三九，夏练三伏”，还真都挺硬朗。偶尔听说哪家孩子感冒了，不见哪家老太太病的。大家开玩笑地说，咱们这是“孙子疗法”养生。

冬日暖阳下，孩子们也都畅快地玩着。“吃点儿，咱们也吃点儿！”欣欣的姨奶奶手心托着香蕉干、葡萄干、腰果，叫各位姐妹吃。大家不客气，各自捡了几粒。“吃，吃。我带得多。”欣欣姨奶奶提醒各位奶奶、姥姥，大家纷纷从各自给孩子带的吃食中，举出山楂片、奶片。有一次，妞妞姥姥还特意带来一大包膨化食品，高举着说：“随便抓。不给孩子吃，咱们大人吃。”

一时间，几位老姐妹开怀大笑。这一笑不打紧，把孩子给招来了。孩子们看见奶奶、姥姥们又笑又吃，都跑过来。这个问：“奶奶，你们吃什么？”那个喊：“姥姥，我也要吃！”一时间，老的、小的围成一团，只听笑声、喊声一片。

新春书画工艺展风采

2009年春节前，棍棍的奶奶突发奇想：咱们举办个家庭展览吧。奇想的诱因是她那81岁的大姐，从沈阳到北京带来她的绘画新作：大老虎、老鹰，还有猴子、狗。姐弟妹都喜爱得不行。特别是那只老鹰，画得栩栩如生，只可惜孤单了一些。棍棍的舅姥爷为她的这幅画“添枝加叶”。他在老鹰脚下，画了一根苍劲的松树干，树干上还长满郁郁葱葱的叶子。这样一看，“老鹰”栖落在一根古松枝上，呈蓄势待发状。这幅画立马“活”了起来。

棍棍奶奶为这幅画写了一首七律：

钟祥北国携孤鹰，
风尘荏苒倦伶俜；
秀庆赋诗麟添叶，

蓄势待发凌风清。
解甲归田幽篁静，
展纸丹青笔墨行；
沧桑岁月鱼纹驻，
手足胞情照世明。

其实棍棍奶奶姐弟四人，都不曾学画画。大姐学的是化学，退休前是某校高三毕业班“把大门儿”的教师。退休后，她在老年大学学画工笔画。棍棍的舅姥爷学的是道桥专业，北京周边重要道桥工程他都参加过。退休后习书法与篆刻。棍棍的姨姥姥上的是师范，当了一辈子小学教师，退休后，喜爱串珠和做网花工艺。至于棍棍奶奶，从事新闻出版业42年，退休后做了点“闲差”，时尚语言是“志愿者”，实际是“临时工”和“钟点工”。

姐弟四人也都带过孙男娣女，但平时都找点自己喜欢的事做做。于是，大姐画画，弟弟篆刻，两个妹妹一个写作、一个串珠，各得其所。人们的理想、追求差异很大，同样，趣味、快乐的体验，也往往是“如鱼饮水，冷暖自知”，因而更显得个性化。

巧的是，姐弟四人手上都有现成“作品”，办个展览，不需要急忙赶制，各人挑选几样作品参展即可。于是这个展览定名为“2009新春书画工艺展”，时间是正月初一至十五，地点在棍棍舅姥爷家，对外不开放。说白了，纯粹是老姐儿四个“玩”。

爷爷、奶奶搞展览，儿孙也积极参与。棍棍姨奶奶的儿媳拿出她的串珠工艺手包及面巾纸盒参展。棍棍的叔叔画了一幅《妈妈儿时的春节》，画面是一个男孩和一个女孩在大门外放炮仗。棍棍也拿了一幅《绝对小孩》及他做的小蜥蜴标本。

大家只用了一天的时间，便布展完毕。厅的三面墙上挂着书法及画作，钢琴上摆着串珠工艺品，写字台上摆放着4个人各自出版的图书。这些作品表达了老姐儿四个退休后的乐趣、情趣，反映了他们对生活的热爱和向往。

一个结束，意味着又一个在新生。退休在个体的生命中，只是一个阶段的结束，并不等于生命的终结，也不等于再无所作为。不可否认，时间是与人的生命过程紧紧相联系的，一切作为，都要在这系列事件的链条中进行。所以，人们对于时间总是特别敏感，倍加关注，对于生命的每个阶段，也格外看重。但不管怎么说，过去的再不能为我所用，未来还无法供人驱使，唯有“现在”，真正属于自己。

桾桾奶奶的老姐儿四个，都抓住了“现在”，不管退休多长时间，全没“白过”。

展览结束那天，桾桾和他的表姐心歆来助兴。桾桾抱着吉他，弹他喜爱的乐曲，心歆弹她的钢琴。最后，奶奶们也上场，手上也拿着乐器，如笛子、口琴等。大家选择了老少皆会的乐曲《欢乐颂》，齐唱齐奏。

奶奶感悟

原来人的聪明也是可持续、渐进的。除了从书本上学到知识，牙牙学语的孙子也会帮助我们聪明，聪明，再聪明些。

谁使我聪明了

在与桾桾做游戏时，他告诉我："狐狸是二级保护动物，不能随意伤害。"在给鱼丸讲童谣时，他不喜欢嘲笑小耗子。于是，我把原来是农夫"下夹子"伤害了狐狸，改成狐狸和狼撕打，狐狸受伤，农夫为它包扎好。游戏依然进行。为此，桾桾夸奶奶"真聪明！"至于小耗子，原来是说它偷油吃，从桌子上叽里咕噜滚下来，改成小耗子是智能鼠，一天，爬桌上找油去，没有油，自己走下来。童谣没了趣味，鱼丸却要知道小耗子干什么去了："奶奶，接着讲！"

桾桾当年5岁，鱼丸也还不到3岁。桾桾已经进幼儿园，他从老师那里知道要保护动物。鱼丸纯粹出于本性："人之初，性本善"。

现如今，谁都知道要保护动物，动物是人类的朋友。但在讲故事、做游戏时，未免流露出人类与动物是敌我两大阵营。人要捕杀凶残的动物；动物极力反抗，张开血盆大口……

两个孙子都告诉我：不要与动物为敌。不仅不为敌，还要给它们以尊严。桾桾上了小学，要“救蚯蚓”，鱼丸不去踩花园里的蜗牛。于是，在以后的日子里，我给鱼丸讲了“智能鼠”的故事，讲金虫子报警救汽车的故事。每个动物都在对社会尽责任。纵使破坏了公共设施又逃跑的皮皮狗，也不是骂它，而是警察追它，罚款，教育了它。

原来人的聪明也是可持续、渐进的。除了从书本上学到知识，牙牙学语的孙子也会帮助我们聪明，聪明，再聪明些。

谁使我“与时俱进”

退休后，如释重负，不仅不必天天上班，更重要的是“没责任”了。如果还想干点活儿，就去找活儿、接活儿，如果什么都不干，没人强迫，自己落个“吃饱混天黑”。总之，自由了。

但是，自己在学校时所受的教育，在职时所受的教育，又都督促我：不要放任自己。所谓“放任”，指本文开头的那段话。

“总是要做一点儿事，无论对小家，抑或对社会，再尽一些责任。”这时候，有了大孙子，自然要尽奶奶的责任和义务。吃饭、穿衣，是必须考虑的，那还好办。然而，教育孙子与教育儿子有很大的区别。

区别首先就在“教育”二字上，爸妈教育儿女，儿女还能接受；爷爷奶奶教育孙子，那要看怎么个教育法了。历来都是自上而下，“我”说“你”听。突然，有一天，儿子或孙子对你的教育内容或方式提出异议，最初，我们用“代沟”来抵挡。渐渐发现，“代沟”越来越深，越来越普遍。终于发现，父子两代、祖孙三代是真有差异的。父一代、爷一代举着自己的历史“履”，硬叫儿子、孙子伸脚穿进去，儿子、孙子不喊疼才怪。却发现，原来是自己落伍了。

俩儿子小的时候，为他们编写了一段《地图歌》，目的是帮助他俩学会看地图。30年后，大孙子进了小学，再拿这段《地图歌》教他时，发现必须做改动。原因是，20世纪70年代，我们还企盼香港、澳门回归。到90年代，香港、澳门已经回归。再有，我国行政区划也有了变动。这篇《地图歌》如果教孙子棍棍，必须按新编地图改写。于是，我改写了。

又过18年，我的小孙子诞生。我还想教他看地图。这时，行政区划又有了变化，虽然不多，仅一处，也得改。不仅如此，对国家疆土面积的认识，也有了发展。过去只说“我国国土面积960万（平方千米）”，很少提及海岸线。21世纪，海疆提上日程。于是在《地图歌》里增加了“海岸线长1.8万（千米）”，将“三沙”也写了进去。

仅一篇68句的《地图歌》，改了两遍。前后历时40年。

教育者，首先要教育自己。我不是教育者，在儿孙面前，也不敢以教育者自居。在与儿孙相处的过程中，作为他们中的一员、一个朋友，我要做的是跟上他们，与他们同步。他们在成长，包括适应社会环境的变化，他们认知能力的提高，等等。我则要与时俱进，要认识社会环境如何在变，自己的知识要不断更新。

谁促使我不断“推陈出新”

奶奶带孙子，有足够的“本钱”：小时候学的、唱的，统统拿出来，足够使用。

其实不然。奶奶小时候学的、唱的，起码已经有70多年的历史了。像我这样，儿子生得晚，孙子也来得晚，两个孙子又相差18年，我小的时候所经历的一切，都是“陈史”，没有新鲜味儿了。当我不知道这“历史差”时，讲给孙子听，会是什么结局呢？

我讲“小耗子，上灯台，偷油吃，下不来，急得叫奶奶，奶奶不搭理，小耗子叽里咕噜滚下来”。我讲的时候，还绘声绘色。鱼丸听了不高兴，他说：“小耗子不是掉下来的，是自己走下来的。”

我讲“拉大锯，扯大锯，姥姥家里唱大戏……小外孙子也要去。骑着驴，打着伞，光着屁股……”还没讲完，棍棍说：“光着屁股骑驴多难看呀！”

我讲“水妞儿水妞儿，先出犄角后出头，你爹你妈给你买炒肝儿烧羊肉吃。”鱼丸说：“小蜗牛不吃肉。”

……

总之，那些习以为常，又能脱口而出的“历史童谣”，在两个孙子面前统统受阻。形势迫使我立刻改正，否则，孙子们会拒绝我。

我把那古老的童谣改了。第一次改，是20世纪60和70年代，大儿子和二儿子相继出生后，《拉大锯》简洁扼要了。“拉大锯，扯大锯，姥姥家里唱大戏。什么戏？《白毛女》《红灯记》。”儿子接受了。到21世纪，小孙子鱼丸出生后，我照着第一次改动的《拉大锯》说了一遍。他立刻问：“我能去吗？”他有了参与意识。我顺势说下去：“小鱼丸，也要去。”他又问：“我怎么去？”我接着说：“骑大马，嘚、嘚、嘚。骑摩托，呼、呼、呼。开汽车，嘀、嘀、嘀。坐火车，呜、呜、呜。坐飞机，嗡、嗡、嗡。坐火箭，噌——一步上了天。”鱼丸不仅接受了，还要求“再讲一遍”。

顺着修改《拉大锯》的思维，我改了“小耗子上灯台”“点、点、点牛眼”“水妞儿水妞儿，先出犄角后出头”等，凡是我小时候学的、唱的，能改的全改了。

除此，还要编新的，主角依然是耗子、猫、狐狸、狼。一天，突然想到，当今讲“跨界”，咱也“跨”吧。于是，又编了《孙悟空大战神奇博士》《给唐老鸭送礼物》《鱼丸遇鲁滨孙》等。鱼丸听得入神，每次至少重复一次。现在已经成了保留节目，有了这些“跨界”故事，再叫他看世界地图，他丝毫没有抵触，反而自己常常站在地图前，找米老鼠和唐老鸭家（美国），找其他卡通人物的家。

鱼丸不愁找不到他这些外国朋友，我们的孙悟空不仅会开汽车，他的汽车还能变成飞机。为了遇到鲁滨孙，我又叫孙悟空把飞机变飞艇，这样，鱼丸乘孙悟空的飞艇在马达加斯加遇到了鲁滨孙。

为什么要故步自封呢？当你把那根“自封”的绳索摆脱后，会发现“大有天地”。原有的精髓并没扔掉，小时候学到的依然有用，只是赋予了新生命。这时，主讲人也年轻了，不再是絮絮叨叨的老太婆！

谁使我“痛改前非”

这些年，每每提笔写字，总有几个字不会。于是感慨万千：“老啦，真的老啦，提笔忘字。”

怪了，每天写，每天都有不会写的。现如今，又增加给孙子讲故事。讲故事前，得事先看故事。又发现，有不认得的字。也不是不认得，而是读不出音来。如“嗫嚅”，知道是吞吞吐吐、想说又止的意思。读不出音来，只得照意思说。中国语言还有个特点，你要不照原字讲，还就没了味道。

一打理，我还真的是有“病”了。这“病”不是念错别字，就是会读不会写；要么是会写不会读，甚至既不会写，又读不出来，却明白意思。再仔细“号脉”，发现不是“忘”，而是压根儿就没学会。如“阴霾”，被我长久地读成“阴狸”；“罹难”自然读成“罗难”；“呱呱坠地”也顺口就是“瓜瓜坠地”。至于表现孤独行走的“踽”，不读则已，一读便是“禹”……

查查“病”根儿吧，却发现原来根本就不认得。年轻时，虽好读书，却不求甚解。小的时候，还知道问爸问妈。以后逐渐长大，看小说上瘾，不认识的字真不少，但都蒙着看下去，明白个大概就行。这么着，落下了“病”根儿。

知错改错吧，不改也不行。每天带孙子，我讲故事，还可以绕过不认得的字；他问我问题，我可不能说错。一天，我们在读《恐龙》绘本，鱼丸问：“为什么叫畸齿龙？”又问：“白垩纪恐怖吗？”这是在考我对“畸齿龙”的“畸”字的认识和对“白垩纪”的“垩”字的认识。给大孙子讲时，他没提过问题，十几年后，小孙子3岁便提问题了。

当奶奶，首先要诚实。我告诉他：“我现在也说不清楚。”他特失望：“那咱们怎么办呢？”我说：“查字典！”他也来了精神。我查字典时，他趴在我后背，好像他也认识字一样。我俩查了字典，把“垩”字讲清，又翻

书，把“畸齿龙”倒腾明白。我如释重负，他也长喘一口气。

人说，活到老，学到老，其中还包括改正缺点错误。于是，我手边便放了《新华字典》《简明典故辞典》和《现代汉语词典》。只要提笔一二乎，或张口结舌时，立马查字典或词典。

谁在爱我

棍棍读到初三时，一天，他要到医院矫正牙齿。平时，是他妈妈陪伴。这天，妈妈因工作不能离开。于是，奶奶提出陪棍棍去医院。棍棍爸妈都觉得奶奶年纪太大了，不宜陪伴。棍棍说他可以自己去，不需要大人陪伴。

为这事，全家还讨论了一阵，最后奶奶“胜利”，获得“陪伴权”。当天，棍棍爸妈嘱咐棍棍：“要好好照顾奶奶，别把奶奶放在身后。”

是日下午，祖孙二人动身。棍棍怕奶奶累着，提出“打的”去；奶奶坚持一贯主张：乘公交。棍棍没与奶奶争执，依了奶奶。

公交车一进站，棍棍站在奶奶前，左手扶着奶奶，右手扶车门，帮助奶奶上了车。进了车厢，棍棍依然在奶奶前，边走边说：“哪位叔叔阿姨给老人让个座！”话音刚落，两个年轻人站起来：“坐这儿！”梠梠谢了让座的叔叔，又把奶奶扶到座位上。他站在奶奶前面，防备奶奶被挤。

车到站，依然是这样将奶奶护着。在去医院的路上，梠梠让奶奶走在里面：“您在里边走，外边有车，小心被碰着。”他在奶奶的外侧。

奶奶自恃身子骨硬朗，常常抢在孙子前面，甚至过马路，也不走斑马线。这时梠梠轻声对奶奶说：“奶奶，斑马线安全。”然后，又轻轻把奶奶拉进斑马线。

在医院里，梠梠把奶奶安放在候诊室，对奶奶说：“您带报纸了吗？我给您带来一张报纸。您坐在这里看报，别走动，我去见医生。有事，我会出来找您。哦，您带水了吗？那里有一次性水杯，渴了，您自己去接水。”梠梠在说这些嘱咐奶奶的话时，从裤兜里取出一张折叠整齐的《参考消息》递给奶奶。他好像还有好多事要嘱咐奶奶。

奶奶只说：“我坐这里不动，你放心。我带水了，也带书了。”

“您带眼镜了吗？”栩栩关切地问。

“带了，带了。全在这包里。你快去见医生吧。”奶奶从口袋里取出眼镜盒。

真说不明白，祖孙二人是谁照顾谁了。

奶奶坐在候诊室，回想出家门后的经过，浑身阵阵暖流涌动。她想，栩栩矫正牙齿是很疼的，回家绝不坐公交，一定要“打的”。

半小时后，栩栩回来，奶奶第一句话问：“疼吗？”

栩栩摇摇头，说：“不疼。”

奶奶怎么相信，但她不去争辩，只说：“咱们‘打的’回家。”

又是栩栩把奶奶安置在医院门口安全的地方，嘱咐：“奶奶，千万别动。我去找车。”

爱是什么，爱是最美丽的语言，爱是无私奉献。爱就在我们身边。有时，我们沐浴着爱，却又到处去找爱。

谁在督促我学习

“奶奶，咱们好久没去《伊索寓言》家了。”

一天，鱼丸突然提出要去《伊索寓言》家，我异常惊讶。他把看书当成“串门儿”，多聪明、多动人的比喻！我怎么就没想到用“串门儿”的方式鼓励孙子学会看书。

我们常常把读书、看书当作一件隆重、庄严的事。这也不错。养成看书、读书的习惯，的确也是一件隆重、庄严的事。我们这样认为，可激励自己读书。以这种态度教育孙子，未免使孙子望而却步，不是吗？我们常说：“好孩子，你要学会读书，长大可以保卫祖国。”“好孩子，你要认真读书，读书使你有知识。”……孩子听得一头雾水，特别是两三岁的孩子。他哪里懂得这么深奥的哲理。于是，他被电子游戏“拉”走了。

我们常说寓教于乐，把“叫我读书变成我要读书”。至于怎样促使这个“转变”，依然是说教。

鱼丸告诉我，看书是“串门儿”，多么有道理！书里的人物包括动物，都是我们的好朋友，我们与朋友要常常见面。说这话时，他才3岁。

当时我不仅把那厚厚的《伊索寓言》找出来，并问：“咱们先去谁家？”他说：“先看看没吃到葡萄的狐狸，它多可怜。”于是，我翻到那篇故事，我指着插图，讲了整个故事。

看书是“找朋友”，同样也适于我。每天要面对孙子的提问，我哪里都能正确回答，所以必须学习。对过去学到的知识，还要“去粗取精”“推陈出新”，更有大量是我不知道的“新科技”。我可以拒绝参加“朋友圈”，但我不能天天对孙子提的问题说“我不知道”。“我不知道”是诚实，但不能以此为终。“我不知道”，便要设法“知道”，最简洁的办法，便是看书。看书，便是找朋友，便是请教高人。我天天“串门儿”，鱼丸也必然学会“不知道，就去串门儿找朋友问”。

读书成了一件生活必需又愉快的事，谢谢鱼丸的指

导。于是，我恶补《星球大战》，恶补《司马光砸缸》，等等。我不再干巴巴地给他读故事，而是将书中人物都列在他的朋友行列。过些时候，我们便去“串门儿”——看书。关键是我必须“吃透”我要讲的故事，主人公，姓字名谁，家住哪里，等等。我要备课，要写读书笔记。我要学习，学习，再学习。

谁激活了我的潜力

人的潜力真的是很大的，很多时候，连自己都不知道自己有多大的潜力。

先后带两个孙子，每天有讲不完的故事，唱不完的歌，做不完的游戏，以后又增加了画不完的画。这些本不是我的专长。但当我被赶鸭子上架时，竟然发现，我有编歌的本事，有画画的本事，有排“情景戏”的本事。这一切，都是被两个孙子激活的。

桾桾读了小学后，有了寒暑假。家里总得有人照顾他吃饭，陪他玩，奶奶责无旁贷。奶奶肚子里的故事早已掏空，折纸也只会折桌子、椅子、衣服，其他再也不会了。

孩子要不停地玩，而且他的专注时间很短。上了小学，也只能坚持30分钟，过了30分钟，便要换新花样。又不是一天！一个暑假，起码50天，寒假也有一个月。我必须搜肠刮肚。突然，我发现，每天都能“应付”，而且不费力。

为什么？因为我面对的是两个活泼的孩子，他们需要知识和力量，我要不断向他们输送知识和力量。这知识和力量不是空洞的说教，而是使他们潜移默化地接受和融会。否则，他们不“接受”你。他们求知的欲望，使我的潜力被激活。小学三年级时，音乐老师给我们排演情景小歌剧《梅大哥来访》《我们要求一个人》等。这时灵感自动涌现，改了改歌词，便由我和孙子各自任一个角色，“唱”了起来。或者，孙子在画，奶奶瞧着，也拿起画笔画。不仅画，还要评比。《对话与对画》便是当时的场景，自认所画的狐狸不差。

从此，再也不唠叨：“老了，什么都不行了。”我一生所学、所认知的知识和本领，全是我再创造的基因。我能，我会，但是，我必须再学习。

母子乐篇

这是裙裙和鱼丸奶奶记述的关于她与两个儿子的故事，亦即裙裙爸和鱼丸爸。

一家自有一家乐

老年人爱回忆，回忆也是一种“资本”，至少是有得回忆；当然，也看回忆什么。我最爱回忆的是当年我出差时，家中4个人彼此思念着、关爱着，一旦聚在一起时，又乱作一团。那种丝丝缕缕缠绕的亲情，足够享受终身。

我曾经有过两次长时间的采访，一次是1979年6月初至9月底到四川大凉山的采访，一次是1980年3月初至6月底在滇西的采访。这两次采访都在100天以上，可算是在一年内。对于一个女人，“丢下”丈夫和孩子200多天，心该是够“狠”的。但那时正是我在找回丢掉的“十年”，我必须加倍地工作才能补上“文化大革命”中丢掉的时间。我只有这个十年了，过了这村没这店，别无选择。

记得是我到四川大凉山采访，进了原始森林后，遇上泥石流，回程的路断了，只好继续朝山顶上采访。

那时出差已经两个月了，我心里一直有些不安，经常躺在床上辗转反侧，不能入睡。我的俩儿子，老大正值小学毕业考初中；老二5岁，在幼儿园日托。在这关键时刻，我却出差了。我的丈夫，他一个人要照管两个孩子。他不会做饭，家务又多，起码是俩孩子每天换下的衣服要洗。当时，我们还没有洗衣机、电冰箱。好在我们住在他们的宿舍，宿舍区离办公楼仅5分钟的路。他每天上午和下午利用工间操的时间，跑回家洗两件衣服或洗菜。工间操仅15分钟，除去来回走路时间，又能干些什么？

出差对我俩来说也是家常便饭。他是工程师，一年当中有半年时间在外；我在杂志社工作，一年累计也要有百十多天在外边。我俩像走马灯似的轮流出差。若全在家，我俩的分工是：我做饭，他洗衣服；他收拾屋子，我管孩子，彼此配合得还算可以。一旦走了一个，另一个就等于瘸了腿。有一次，我出差回家刚到楼口，邻居小钢妈一见面就冲着我喊："快给他们爷儿仨弄点菜吃吧，你看他们怎么吃的饭！"

我三步并作两步跑上三楼，进厨房一看，平锅里一张软饼，中间被挖掉，四周还留在锅里。显然是因为中间熟，四周生。我把行李放下，二话没说，推上自行车上街买菜。

事后老二对我说：“妈妈，你知道我们是怎么吃饭的吗？”我说：“好孩子，你快说吧。”他说：“爸爸煮一大块肉，锅里放点儿白菜，然后把锅端在桌上。爸爸说：‘你妈出差，咱们简单点儿。’然后我们仨从锅里夹肉吃。”我确信无疑，并把此事报告给漫画家李滨声。他画了一张生活小幽默画《三聚头会餐》，画面是三个人头碰在一起，从中间的锅里夹菜吃。丈夫看了这张幽默画后说：“你妈就会夸张。”老大说：“她是浪漫型。”

要光是吃饭，我还不那么担心。我怕老二生病。他一发烧就流鼻血，又常在半夜里发病。为这，我做了一个梦，梦见丈夫背着老二上医院。老二哭着对我说：“妈妈，我病了。”我忽地惊醒，爬起来，给丈夫写信：“亲爱的，我刚刚做了一个梦，梦见湛湛病了。6月25日，请你回忆，如果真的是病了，我这梦应当就是第六感在起作用。”

3个星期后，我收到丈夫和老大的来信。老大请我原谅，说只差半分，没能考取重点中学。他在信上说，如果妈妈在家，事情就会好一些。是的，如果我在家，我会帮助他平复情绪，说不定能多考几分。该请求原谅的是我，而不是儿子……泪水模糊了我的视线。丈夫在信中证实了老二确实病了，但不是啥大病，只是感冒。

完成采访后，我动身回家。离家已经200多天了。我心疼老的，惦记小的。下了火车，沿途采购，准备进家门就给他们做一顿好饭菜。我每次出差回来，都有这种心情，想要做些补偿。然而，每次都没得到应有的反馈，这次也不例外。

刚进家门，三人争相向我“报告”，老的说：“肉、米、油、盐，一切齐全，随你做。”老大说：“小东跟我上一个学校。”言外之意，他们这个学校不算差，因我常夸他的同学小东是好孩子。老二更会“报告”新闻：“昨天我们把剩的饭、菜都吃光了，爸爸说‘快吃，别叫你妈看见，省得她唠叨’。”我马上说：“别为了省那几个钱！”老大听了骂老二：“谁也不会把你当哑巴卖了。”老的说：“我这是为了不叫你吃剩饭。”我啼笑皆非，只好说：“我也是为了你们，怕你光为了省钱，吃得食物中毒！”我们开始“乱作一团”。

我进厨房精心做晚餐。过一会儿，老大进来说：“妈，肉不必切得那么细，我们每天都是大块肉、大片菜、大碗饭！吃得挺过瘾。”老的也挤进来：“怎么样，他们都喜欢我做的饭吧？”只有老二说：“还是妈妈做得好吃！”老大瞪了老二一眼说：“爸爸做的饭，你不是也吃了吗？”“反正妈妈做的饭就是好吃！”

“走！走！走！都出去，本来厨房就小，你们仨都钻进来，我还怎么做饭哪！……”

我并不因照料孩子花去时间而懊悔，但我也极少为孩子而请假。我知道，孩子们希望父母都能做好工作。我发现，他们在同学面前谈到爹妈工作忙得顾不上家，很多事情要由他们自己做时，常常显出自豪的神情。他们央求我为他们做事时，总要加上一句：“妈妈，我没叫您马上做，在您有时间的时候做就行。”而我的丈夫也不轻易把我扣在家里。在必须留一个人在家照看生病的孩子时，我们俩商量着，看谁能腾出一点儿时间。我的工作，也是他考虑的内容。夫妻之间在家庭的分工，并不意味着其家庭和社会地位的高下。妻子想得到丈夫和孩子的尊重，首要的是对自己工作的尊重。因为我不随随便便请假，丈夫和孩子也不轻易叫我为他们请假办事。当孩子稍微大点儿时，我同丈夫可以同时出差了。“你们走吧，我俩完全可以。”他俩也的确互相关照得很好，哥哥像个哥哥样，弟弟像个弟弟样，我俩不担心了。那时，哥哥读初中，弟弟在小学。

说来也怪，我这人虽不精于女红，却很喜欢自己做件衣服穿穿。夏天，买上几尺布，很快就能做条裙子；春天，拆拆旧毛衣，加股新线再织起来。那一次，我正在精心制作毛衣扣子时，丈夫走过来，轻轻地说：“有时间帮我修补一下毛衣……”他举起左臂，他的毛衣袖口破个洞，脱了几圈线。我有点儿抱歉，早就看见这个问题，却没想替他修补，便赶忙说：“这都是手表给磨的。你把织毛衣的针拿来，我给你修补一下，立等可取！”

他笑了。

妈和儿子

我退休后就没再写过稿子，当然是因为没人来约稿。“人老珠黄”，既没有卖点，也形不成热点，谁找你？有一次，一位年轻的男记者想采访我，劈头问我有没有婚外情人。我都六十好几的人了，怎么会出现情感危机？一阵恶心涌上心头，继而一种屈辱感弥漫全身，我只说了一句话：“这是令人恶心的话题。”类似的约稿，你敢写吗？

但，谁能耐得住寂寞？

1996年，我又蠢蠢欲动。难道我真的不能再写稿子了吗？其实，心里是这样想的：难道真的就没人登我的稿子吗？我的文笔不至于“臭”到这个地步吧？

朋友曾说过我“贫”（嘴），甚至在20世纪60年代，还被推举为“贫协”——“贫嘴协会”主席。于是，壮着胆子写了两篇调侃式的短文。一篇是吃比萨的经历，一篇是“打的”的计谋。吃比萨时，为了省钱，我和同伴曾约定“坚决抵挡服务小姐关于喝饮料的诱惑，回办公室喝酽茶”；当年在北京“打的”的经验告诉我，不坐“面的”坐夏利。两篇文章都是千字文。写完后，先交给我的小儿子“审稿”。他当年还在读大学，属于“前卫派”。

没多长时间，他把两篇稿子退给我，什么话都没说。我问：“你看了吗？”他回答说：“看了。”我猜他是应付我，又追问一句：“怎么样？”他回答得更简单：“还可以，跟它们一样。”

“它们是谁？”

“就是现在报纸上的文章。”

“真的吗？”我真有点儿受宠若惊。退休这三四年，我以为已经无法跟上时代。不料，俺家儿说娘的文章跟报纸上登的一样，说明我还有“活路”。

“如果你说的是真话，我可找报刊发稿了。”

我还不放心。想我一向自信，并有“主意篓子”之称，这阵儿居然对自己失去信心。这时的母亲与儿子的谈话，犹如儿子刚上小学时，要自己去动物园，他在征询母亲意见时的情景一般。

“你可以发表。”

儿子发现我是认真地听他的意见，不再随便。

“请你替我在电脑上敲出来吧，好嘞，我要发稿了。”

为了赶上时代，我买了电脑，但从来没学怎么使用。

没一会儿，两篇稿子被敲出来。这便是《会吃自助沙拉吗？》和《智斗——北京“打的”小九九》。两篇稿很快被“认购”。兴致上来——一种找到“活路”的兴致，我一鼓作气，写出8篇类似的调侃文章，也都被“认购”走。

一天，俺儿从学校打来电话，带着那种幼稚般的粗嗓门：“妈，现在吃自助沙拉又增加不要钱的冰水了。”俺儿在《会吃自助沙拉吗？》里明了娘很在意“不要钱”的食品，如番茄酱、胡椒寿司、起士粉等。于是，有这方面信息，立马通报。

又过些日子，我正在53路公共汽车站等车，汽车川流不息，突然，从我眼前风驰电掣般过去一辆红色夏利，我清清楚楚看到司机旁坐着俺家儿。啊！他倒率先改变不坐“面的”而坐夏利了。儿子刚进大学时，每周末回家，都是四五个小伙子挤在一辆“面的”里，10元钱分摊下来，每人也就花两元钱左右，比坐“小巴”便宜，还惬意。当时我很为他们的“聪明”高兴，还说：“大学生就该有‘穷样儿’，斯诺当初在燕京大学时，冬天骑自行车进城，兜里揣着糖炒栗子，一边骑车一边吃栗子，那才叫‘派’！”

看见俺儿坐了夏利，娘也别再等公共汽车了。于是，我把手一扬，一辆夏利停靠路边，娘也实现自己的主张。

又一次，我乘的公共汽车塞在菜市口。我站在车厢里，四下望着各种被塞的车辆，突然又在一辆夏利里看见俺儿。我真想从公共汽车窗口钻出去，坐进他乘的夏利。再以后，一个星期一的早晨，我喊醒俺儿，问：“你今天去学校吗？”

“有事吗？”他反问。

“如果你上学去，咱俩打一辆车吧。”

知母者，儿也。

我儿聪敏，他不假思索地回答：“妈，日后必有报答。”

他知道我一准儿是为了省钱，因为他还没工作。

事后我也觉着这样有些不好。既然你自己写文章说不坐“面的”坐夏利，为什么儿子按你的话做了，你自己又惴惴不安，逼得孩子说出：“日后必有报答。”

我悄悄走出家门，仍然到53路公共汽车站等公交车。

咱这代人就是这样，没办法。

噢，您问俺家儿报答了吗？

那是儿子的心意。作为母亲，从不要求儿女有任何回报，只要他们活得比我好。

蚕豆煳了

1995年前，每周只休息一天，又没有现在这么多的成品、半成品，更没有全家人到饭馆吃饭的习惯。家里吃饭，全仗自己做。

遇到周日，真不知道要干多少活儿。

一个星期日，在家“闷”了一天，除做全家人的3顿饭，其余家务事都推给丈夫了，我打开缝纫机准备给自己做条裙子。没什么新鲜的，就是一块花布，买了快有一年，一直没想好做什么。眼见夏天来临，下决心用这块布料做条裙子。自己设计，自己制作，倒也惬意。吃过晚饭，这条裙子完成，连试都没试，自知差不了多少，一条裙子，有什么规范可言？不露肉就行呗。

“哎，快来看看，怎么样？”

周一清早，把两个孩子打发上学去了，我也准备上班。穿上新制作的裙子，在穿衣镜前左照右照，顺便呼唤丈夫过来。

他从厨房过来，两手湿漉漉的。他在洗衣服。我家住在他们机关的宿舍大院，他进办公室只消5分钟，自然有时间比我多做点儿家务。

“怎么样？”我很得意自己的佳作。

“好！好！”听得出他是在应付。

“认真看看！”我不满意他的应付。

“好！好！好！”他仍在应付，忽然一愣，脱口说了句：“蚕豆煳了！”随即消失。

无名火涌，自打生了孩子，我俩再也不能花前月下、卿卿我我地继续谈情说爱。每天一进家门就是孩子、饭、家务。好不容易等俩孩子都上学读书，他们自己能照顾自己了，丈夫却已经完全进入家务的“惯性”。

时间已过7时10分，我必须马上上路。从我家到单位，骑自行车中速行驶，包括等红灯，至少需要50分钟。那时候是8点上班，不打卡，不签到，但谁也不愿意迟到。没时间跟他理论，但心中不快，出门时，送他一句：“跟你的蚕豆过吧！”

砰！把家门重重地带上。

楼上的老王也正巧走到我家门前。

“你家煮什么啦？都煳了，白烟都窜到我家厨房了。”

“煮蚕豆！”我极为尴尬地笑着。现在想起来，还想不出当时的表情该啥样：一肚子气还要强颜欢笑，真够难的。

中午，丈夫打来电话，只简单地说：“晚上的菜都已经买好。”

这是和解的信号，表示他没在意我早上说了什么，不仅如此，也是对我的一种关爱。我的办公室虽离家远，但在下班回家路上，我总要一路采购。我那辆自行车常常是前挂后驮，我自己也像个毛驴似的。他不是没事，以前他下班后要到幼儿园接老二，路上买个酱油、醋什么的。我俩的家务分工很清晰，各尽所能，倒也相安无事。只是遇见点儿磕磕绊绊的，他谅解时，会主动打电话说不用买菜；如果我谅解，一准儿是路上买更多的东西。如果两人谁都无意谅解，进家门后谁都不说话，甚至“当夜无话”。夫妻俩，谁还不明白谁。

下班一进家门，看见读高中的大儿子在厨房做饭。我俩儿子到小学六年级的时候，都会做全家人的饭。因此，他们做饭不新鲜，只不过这天因为有上午的磕绊，对家中一切都很敏感。

“怎么是你做饭？”我问。

“爸爸叫我做晚饭。”老大头也没抬地回答。

我把提包顺势放在地上，倚着厨房门框，对儿子说：“知道吗？上午我俩吵架了。”我把清早蚕豆煳了的事说给他听。

“粥潽了！”

炉灶在他的侧面，他正在切菜，我却正面对着饭锅。这时，我也发现“闲聊”真是件奢侈品。家里每个人都像陀螺似的旋转着，一刻也不能停。我赶紧进房间换衣服，接替老大做晚饭。

晚上9点半，该煮牛奶了。都说睡前喝牛奶对身体有好处。

老二站在厨房门口，我又将早上和做晚饭的事说给他听。我已经不再烦恼了，而觉得挺好玩的，刚说看裙子，蚕豆煳了；再说蚕豆煳的事，粥又潽了。他所站的位置正

是我当时站的位置，也是面对炉灶，而我正面对着老二。

“妈，奶潽了！”

真是说时迟，那时快，就只一转身的工夫，牛奶从奶锅里溢了出来。

在厅里看报的丈夫听到母子的嘁嘁喳喳，断定一准儿是聊天造成的，随口说：“聊吧！”

他笃信聊天准出事。这时，他还不知道晚饭粥潽的故事。

“报案”

生了两个儿子，哥儿俩年龄相差8岁，甭说，智商也差着。倒好，哥儿俩从不吵架，有什么事，多数是弟弟求哥哥，只见他俩嘀嘀咕咕地悄声商量。想问，没门儿，谁也不告诉你。

哥儿俩渐渐长大，渐次懂事，都知道疼爱妈妈了。

一天，办公室的电话铃声响起来。

“妈，咱家出事了！”

老大打过来的电话，劈头就是这一句让我心惊胆战的“报案”。

“出什么事了？”

紧绷的心都快缩成个铁球了，一准儿是出了天塌地陷的“大事”。

“让弟弟告诉你吧。”

定是老二闯祸无疑了，“案子”有了“主犯”。

“妈——”老二接过电话说，“我骑车摔了个跟头，把门牙磕掉半个。”他平静地叙述。

我家俩孩子真没出过什么事，因此老二磕掉半个大门牙，在我家就成“大事”了。“案底”揭晓，我那颗紧绷的心也放开了。

“疼吗？”我问。

“不疼。”

“能坚持到我下班吗？”毕竟手底下还有事。

“没事，你别急着回来。”

下班进家门，对老大说：“你这一句‘咱家出事了’还真把我吓坏了。”

“我就是怕你没思想准备，回家弟弟冲你咧嘴一笑，缺半个大门牙，你准吓晕喽。”

我谢谢他好意，再问老二怎么会把门牙磕掉半个。

原来他和同学到郊区玩，他骑车带同学，不小心掉坑里了。我估计准是几个大小伙子又喊又叫，谁还顾得上看道儿？被老二带的同学胳膊碰破了，流了血。大家忙着把他送医院包扎后，那位同学进城回了家。

“你为什么不一块儿回来？”我问。

“同学走后，我才发现舌头一碰门牙就跟碰沙子一样麻麻扎扎的，牙也跟着疼，这才照镜子，一看俩门牙都缺了半个。准是磕在车把上了。”

“那你更应该回家。”

“我怕天黑回家，你看见我缺俩门牙，准着急！”

“宝贝儿！”我搂着俩儿子，幸福的泪水落下。“不叫妈妈着急”在他们心中如此至关重要！

这两颗赤子心哟！

事后老二告诉我说，他的牙疼了一夜，根本没睡着觉。

我想，他肯定希望我在身边。但他疼着妈……

憋了10年的小秘密

每天吃晚饭时，是全家人一天唯一能聚在一起的时间，大家无忧无虑，各自海阔天空地报告各种信息。

老大说到高兴处，泄露个“机密”。

“陶然亭游泳池10米跳台真高，感觉比四层楼还高。那回我没走到顶，两条腿就打战了。”

“你什么时候学的高台跳水，我怎么都不知道？”

我带着欣喜的心情，以为咱家儿在攀游泳高峰。

“10年前的事了！”

我心陡地又一收缩。

“你的胆儿真大，那要跳不好，拍也能把人拍死！”

“你看，我就知道你准这么说，才一直没说给你们听。”

老大似乎有些后悔怎么没守住这个“秘密”，一个不算秘密的“秘密”只为了不愿听妈妈瞎唠叨，竟守了10年。

10年前，我大儿子8岁。他在游泳池看见大哥哥们从10米高台跃身入水的潇洒、勇敢，自己也动了念头。8岁的愣小子，浑身滚落着水珠，跟在大哥哥们身后，一步一步地朝着10米高台顶端走去。估计还有个二三米，他真的害怕了，想要退回来，他不知道，只容一个人的10米高台是勇敢者通向成功的天梯，只有来路，不准后退。想象得出来，俺那惊慌的儿，一准是谨慎地——可能是他一生中最谨慎的一次，猫着腰从大哥哥的身旁蹭着，一只手还得死抓着扶手，一步步朝下走。刚才上“天梯”的兴奋劲儿早掉到爪哇国了。看在他年少无知，大哥哥们友善地拍拍他的头，也有拍他屁股的：“小伙子，怎么不跳呀？”顾不上回答，只要安全下梯子就行。从10米跳台下来，他上了4米跳台。这回无论你是几岁，都不能回头了。

“你可以‘冰棍儿’下去。”

“冰棍儿”指的是从跳台上做着立正的姿势，然后直直地落水。听见老大没跳10米台，刚才的那份担心已成安心，又跟着兴奋起来。

“是，是，我跳的就是‘冰棍儿’。”儿子又回到10年前了。

“捏鼻子了吗？”姜是老的辣，娘年轻的时候经历过、看过这类事。“捏鼻子”是为了不使水从鼻孔呛进去。我小时候游泳，我妈就是这样嘱咐的。

老大愣了一会儿，才说：“噢，当时没想到捏鼻子。”

“真是！跳‘冰棍儿’，又是从4米台下来，要是呛了水，也够呛。”

“你看，又来了不是？一说什么你都害怕，以后再也不跟你说了。”

估计老大，包括他的弟弟一定还有类似不可告人的“秘密”。恰恰这类“秘密”是他们成长的“过节儿”，是他们羽翼丰满的“营养”。当妈的只知道告诫“不准这样”“不能那样”，把孩子捆得死死的，然后说：“孩子，你们大了，该自己飞了。”这时，被捆绑的孩子一旦离开支撑他的父母，会直挺挺地倒在地上。从这点看，“秘密”还是憋着好。

又过10年，老大快30岁，结婚了。4年后，他的儿子出世。老大抱着他的儿子说：“宝贝儿，长大后，爸带你去游泳，咱们跳‘冰棍儿’。”相信他会把游泳的经验都告诉给他的儿子。但是，他的儿子是否也会如他爸一样，有“秘密”要憋在心里呢?

“别把孩子给‘害’了”

老师和家长之间总有一条“管道”。只要您的孩子一入小学，这条“管道”会立马开通。“管道”的两岸——家长和老师都是主动沟通。

“老师，我家的××课堂纪律可好？”

家长一见老师，就先打听自家孩子在学校有什么违规的地方，这已成“定式”。每个家长每次见着老师都得问问自家孩子的表现，不管是被老师“传”来的，还是在门口接孩子。

“课堂纪律倒没什么问题，就是家庭作业完成得不好，您督促着点儿。”老师不假思索地回答，足以证明她（他）对自己的学生了如指掌。

就这句“家庭作业完成得不好”，很可能纠缠这位同学到小学毕业。

动不动，爸或妈就要数叨这孩子：“你怎么老不做作业？”

动不动，老师教学时叮嘱××：“今天可一定做完作业后再看电视。”

多好！老师和家长都在“帮助”孩子改正“缺点”。

可您知道孩子心里是怎么想的吗?

开头，孩子很可能冲着老师和家长频频点头，以示“听见了”或“知道了”，再以后，估摸着到了三四年级吧，他会在家长重复唠叨这事时，用俩手捂着耳朵，连说：“没听见，没听见！”在老师面前虽还是点头，其实呀，早就左耳朵进右耳朵出了。到了五六年级，他已会“反抗”：“有完没完？”或者“您能不能换个话题？从一年级到六年级，就听您这句话了。您不嫌贫，我耳朵都长茧子了。”

“我这是为你好！”

家长不示弱，但已经是强弩之末。

孩子非常讨厌这条“管道”。

一天，我小儿子进家门，神情严肃地说：“妈，小敏的妈把孩子给害了。”

真是晴天霹雳。好端端的一个孩子，门门功课都是“优”，六年了，没被老师“传”过家长，怎么会被母亲给“害”了？百思不解，细细追究，到底是怎么回事。

“小敏他妈向老师告状，说小敏在家看武侠小说。老师叫小敏把书交出来，全没收了。你说，这不是把自己的孩子给害了！”

原来如此。这么一件事，我儿子使用了一个“害”字，可见事情在他们心里占据何等重要的位置。

事后知道，老师也只是吓唬吓唬小敏，已经六年级了，怕他贪看武侠小说影响功课，既没没收他的武侠小说，也没惩罚他。我家老二对此“武侠小说事件”极为关注，每天进家门第一句便是向我通报“事态”进展情况：

“妈，老师把小敏的书还给他了。”

“妈，老师没罚小敏，说没收书是为了看看是哪类武侠小说。你知道吗？有些武侠小说是坏的。我们看的金庸没事。”

最后，老二还是叮嘱了我一句：“妈，你可别害你的孩子！”

孩子还没形成伦理观念时，他们把父母视为最亲密的朋友。朋友是不能背叛的。

“放心。我在小学五年级的时候就看《七侠五义》和《水浒传》了，看武侠的历史不比你晚。”

我家老二喜爱看武侠小说，而且只喜欢金庸的。由此他自诩：“妈，我敢说，在同龄人中，我对清史最有研究。”听罢，我真的快笑掉大牙，说：“你知道的也不过是稗官野史！”他回说：“哎，哎，哎，不过是自己吹嘘吧。”但他仍没忘那句：“妈，说真的，你可千万别害你孩子！”

果真，尽管他现在学的不是历史，但他对中外历史还是很有兴趣的。1996年，为纪念唐山大地震20周年，我要做个专题，想从庞贝古城谈起，但我不知道是哪年，这事还只能问老二，他立刻告诉我：“你从咱家的《大不列颠百科全书》中一查就知道。”

“最担心您的衣服！”

去英国的目的，主要是借参加小儿子的毕业典礼到英国转转。

既是参加毕业典礼，就要认真对待这个典礼的仪式。儿子事先在电话里说了：“按照当地习惯，参加这种隆重的仪式，来宾都要穿深颜色的礼服。咱中国没礼服，您二位就带深颜色的衣服吧。”然后他询问了他爸有没有西装，询问我可能穿什么。我一一作答，他听了好像没什么问题，只是对他爸那身棕色西装的颜色是否深有些怀疑。越洋电话也就挂上了。

都说女孩子关注服装，我不否认，虽然我没有女儿，只有两个儿子，但我丝毫没感到男孩子不关注服装，包括对他们父母服装的关注。因为他们同学间常对家长的工作、说话表情及服装进行评论。每学期我都要为他俩开家长会。除了“一定准时，千万别迟到”的叮嘱后，他俩无一例外地都要审查一遍开家长会那天我穿什么。本来上班时候穿什么，开家长会就穿什么，相信任何家长都不会特意穿“家长会”服装，再说也没有给家长会规定服装一说呀。但是俩儿子是那样认真对待母亲参加家长会，这也算是“正差”，我当然不能令他们失望。

参加家长会穿什么服装，不用问别人，就征询两兄弟即可。果然，两人要求完全不同。一次，老大对我穿什么样的棉鞋、裤子、上衣、头巾、背包，一一提出要求。那是1984年的寒假前家长会，气候正值北京最冷的季节。老大已经读高中，老二在小学四年级。改革开放正如火如荼地展开，蓝、灰、黑“老三色”的服装也都归放在历史衣柜。老大怕我穿的衣服太惹眼，被与会其他家长及同学议论，同意我穿日常的灯芯绒棉鞋、灯芯绒长裤，戴蓝印花布头巾外，特地叮嘱要穿我在“文化大革命”下放时期的蓝布棉袄，背那个正时兴的黑羊皮大背包。老二在一旁听他哥哥的要求，当场没说话。没两天，他开家长会的时候，也模仿他哥哥逐一问我准备穿什么。我回答说：“穿给你哥哥开家长会穿的那身行吗?”我特意用“行吗”来征询。

长时间以来,我对这两个儿子,都不以传统的母亲对儿子居高临下的态度说话,而是以朋友关系相处。对他们也不进行“火力侦察”,猜测他们的行踪,因此关系比较松散而友善。老二想了想说:“其他都行,只是上衣别穿那件蓝棉袄,穿那件漂亮的绿外衣。”我开玩笑说:“同志,现在是冬天,那是春秋穿的。”老二补充说:“你在外面再穿件大衣,总之你要穿得年轻一点儿。”

我又按照老二的要求,“乔装”打扮一番,去参加他的家长会。

这回是参加他的硕士研究生毕业典礼,又是在英国,自不敢怠慢。我挑选了一件深灰色、带稀疏黑点的旗袍,黑皮鞋,为了御寒,又选了一件棕黑相间的羊毛绒披风。相信这身打扮肯定是十足的“中国味儿”。

英国的学校很重视毕业典礼,老二读的是利兹大学商学院,毕业典礼包括大学学士、硕士及博士和没取得学位但已达到毕业水准的全体学生。学生一律穿特定的黑色“大袍”,只是绶带显示不同的学位。毕业生一律坐在市政大厅的主席台上，家长及来宾坐在台下。每一位毕业生都获得当场被宣读专业及姓名，和校长、院长分别握手，并从校长手中取得毕业证书的机会。毕业典礼后在学校图书馆还有一个“派对”，嘉宾、家长、毕业生、老师都参加。这么长时间的活动，服装确实很重要。

老二不放心我跟他爸的服装。头天晚上再次询问，并要亲自过目。看了他父亲的西装，又看了领带和皮鞋，尚达标，点了点头，说句：“爸，你这身还行。你居然还有一双三接头的黑皮鞋。很好！”回过头来问我：“妈，你的衣服呢？”

我口述一遍。他不知道女性的披风什么样，一听我的这身打扮，立马急了：“妈，您可千万别穿成吉卜赛人的样子！”我很奇怪，我怎么能像吉卜赛人！心里却说，要真像吉卜赛人也不错呀！可惜，我儿子少有幽默感，在这关键时刻，切莫开玩笑。我索性把衣服、披风、鞋，甚至长丝袜都摆放好，供他审查。

老二看一遍说：“鞋和袜子没问题，您还是把旗袍和披风穿上我看看。妈，我最担心的就是您的衣服。”

原来如此，我明就里。因为我从不穿西装套装，一向都穿得很随意，别说儿子“担心”我的服装，几次出国，几位团长也都担心我不带西装套装。他们知道我肯定会带旗袍，但又怕我穿得不是地方。有一次在泰国访问，日程安排是拜见泰国诗琳通公主。访问规定时间是下午3时。清早出发时，团长见我没穿旗袍，立刻“下命令”叫我换上旗袍。其实，我是想在吃过午饭后再换。当然，我还是按照团长的意见跑回房间换了旗袍。

有了“历史的教训”，对于儿子的审查我毫不在意。我换好衣服，儿子上下看看，又叫我转过身看背后，最后终于说出：“还行。你外边穿什么呀？天气可冷了。”他又担心我这身衣服太单薄。

“我不穿什么了，这件披风就是代替大衣的。”

“那怎么行呢？外边这么冷。您为什么不带件大衣？”他又有些着急。

“你那里不是有短大衣吗？我随便穿一件不就行了！”

他不干。为了安慰他，我想出缓兵之计。

“既然必须穿深色呢大衣，明早我买一件就行了。只要现在这身可以，大衣的事好说。”

“我实在担心您为了美冻感冒。”

他终于承认我精心策划的这身衣服“美”，现在只怕我冻着。这事好办，我继续安慰他说：“那些印巴同学的家长，肯定穿的都是薄纱，比我的还薄。他们不怕冷，我也一定冷不了。再说，都是在室内活动，我还怕这件披风热呢。”

“服装”问题总算解决了。他又“审查”了我的皮包，那是一个真羊皮、暗红色坤包，颜色与款式都和衣服般配。

谁说男孩子不关注服装和佩饰！

当然，第二天，他和他爱人的衣服，确实“达标”。

一家老少四口，体体面面地参加了毕业典礼。

庆幸，我终于没再买大衣。那种大衣在北京冬天不挡风，深秋还嫌厚！

地图歌

此歌原作于1975年，为辅导两个儿子看地图，认识国家。2000年修改，为辅导大孙子看地图用。2018年修改，为辅导小孙子看地图用。

我国国土面积960万（平方千米）
海岸线长1.8万（千米）
西高东低多山川
56个民族共安康
辽宁吉林黑龙江
东北三省紧相连
靠北边
内蒙古一片大草原

新疆（维吾尔自治区）是个好地方

戈壁沙滩变良田

西部边陲是西藏（自治区）

百万农奴把身翻

文化古都首都北京市

具有广泛影响的全球中心城（市）

环渤海经济圈中心天津市

中国邻近内陆国家的重要出海口

河北简称冀

全国三大产麦区之一

“煤炭之乡”山西省

云冈石窟列入《世界遗产名录》

上海简称沪

地处我国南北航线中心

“鱼米之乡”江苏省

大运河列入《世界遗产名录》

“丝绸之府”浙江省

“神州丹霞第一峰”江郎山

黄山、九华山位于安徽省

吴楚分疆第一州安庆城

武夷山斜穿福建省

“客家土楼”列《世界遗产名录》

江西简称赣

景德镇陶都举世闻名

“齐鲁之邦，礼仪之首”山东省

梁山泊成就小说《水浒传》

向有“中原”之称河南省

“天地之中”历史建筑群落登封

“千湖之省”湖北省

神农架林区列“国际生物圈保护区”

“有色金属之乡”湖南省

土家织锦独特民族文化

广东地跨北回归线

热带、亚热带作物生产基地

我国西南地区出海门户是广西（壮族自治区）

境内喀斯特地貌发育完备

我国第二大岛海南

三沙市管辖三沙诸岛及海疆

著名山城重庆市

长江上游水陆交通枢纽

“天府之国”美称四川省

大熊猫栖息地列入《世界遗产名录》

世界喀斯特地貌发育典型贵州省

“西南煤都”“中国凉都”六盘水

民族风情多样云南省

“天下第一奇观”美名落石林

“八百里秦川”陕西省

秦始皇陵及兵马俑坑列《世界遗产名录》

黄土高原交汇地带甘肃省

敦煌莫高窟、丝绸之路列《世界遗产名录》

长江、黄河、澜沧江源区青海省

塔尔寺集汉、藏风格建筑群

“天下黄河富宁夏”

大米誉称“珍珠米”

回归祖国怀抱香港（特别行政区）

亚太地区海、空交通枢纽

昨日“博彩天堂”澳门（特别行政区）

今日已具多元经济体系

祖国宝岛台湾省

两岸同胞企盼早日统一

特别的故事

孙子梓珺为《祖孙乐》一书而作

长大

1=♭B 4/4

词曲：余梓珺 张子薇

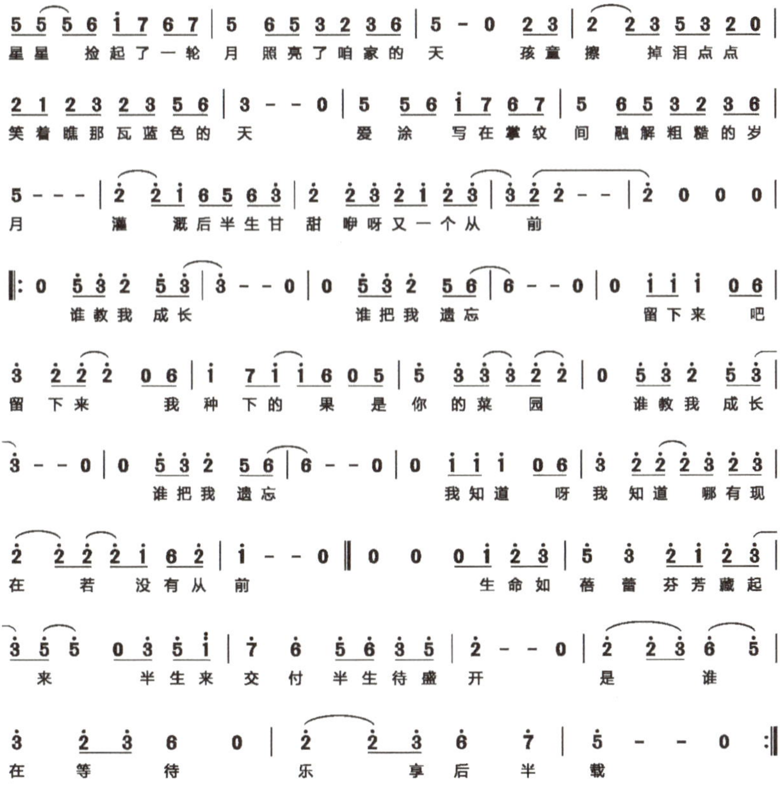

扫描二维码，
听《长大》